网络客服实务

杨清华 主编

清华大学出版社
北京

内 容 简 介

本书以网络客户服务必须掌握的知识和技能为核心,设计了网络客服认知、网络客服应用基础、网店日常管理、网络客户管理、售前客服、订单处理、打包发货、售后服务、压力调整与情绪管理9个教学单元。每个单元精心设计了学习目标、知识结构图、案例情景、理论研习、实践练习5个环节,实现了层次有序、工学结合。

本书注重将理论讲授与实践分析相结合,在"做"的过程中"学"理论知识,进而"用"于实际工作,是一本集"做、学、用"于一体的客服工作教程,突出体现了实践教学的特色。

本书可作为高等职业院校市场营销、电子商务等相关专业的教材,也可供各企业单位销售、客服人员自学和培训使用。

本书封面贴有清华大学出版社防伪标签,无标签者不得销售。
版权所有,侵权必究。举报: 010-62782989, beiqinquan@tup.tsinghua.edu.cn。

图书在版编目(CIP)数据

网络客服实务 / 杨清华主编. — 北京:清华大学出版社,2022.11
ISBN 978-7-302-62150-8

Ⅰ. ①网… Ⅱ. ①杨… Ⅲ. ①电子商务—商业服务—教材 Ⅳ. ① F713.36

中国版本图书馆 CIP 数据核字(2022)第 204613 号

责任编辑: 吴梦佳　强　溦
封面设计: 常雪影
责任校对: 李　梅
责任印制: 刘海龙

出版发行:清华大学出版社
　　　　网　　址: http://www.tup.com.cn, http://www.wqbook.com
　　　　地　　址: 北京清华大学学研大厦 A 座　　邮　　编: 100084
　　　　社 总 机: 010-83470000　　　　　　　　邮　　购: 010-62786544
　　　　投稿与读者服务: 010-62776969, c-service@tup.tsinghua.edu.cn
　　　　质量反馈: 010-62772015, zhiliang@tup.tsinghua.edu.cn
　　　　课件下载: http://www.tup.com.cn, 010-83470410
印 装 者: 大厂回族自治县彩虹印刷有限公司
经　　销: 全国新华书店
开　　本: 170mm × 240mm　　　印　张: 12　　　字　数: 233 千字
版　　次: 2022 年 12 月第 1 版　　　　　　　印　次: 2022 年 12 月第 1 次印刷
定　　价: 42.00 元

产品编号: 093843-01

前　言

随着互联网技术的普及，网购成为人们主要的购物方式，各类企业都日益重视电子商务的运用，网络客服这一全新的职业应运而生。网络客服作为电子商务交易过程中与客户直接对话的岗位，在一定程度上决定了客户的转化率，其重要性不言而喻。

网络客服实务是一门实践性很强的应用型课程，其全部理论都源于实践，而且必须通过实践才能被学习者理解和掌握，相关理论直接指导学习者的日常工作。网络客服实务这门课程的目的是培养实战型网络客服人才，因此本书在编写过程中特别重视教学实践环节，以提高职业综合能力为着眼点，帮助学生更好地适应当前企业及相关岗位对电商人才的需求。具体来说，本书具有以下特色。

（1）理论与技能并重。针对高等职业院校的教学要求与网络客户服务的学科特点，按照突出基本知识和基本技能的原则，本书设计了"理论研习+实践练习"的教材结构，即按照教学内容设计宏观结构，按照职业技能设计微观结构，实现了理论教学与技能培养的统一。

（2）突出以学生为中心。本书坚持"以学生为本"的现代教学理念，"教学"是"教"与"学"的一体化过程，必须以学生为中心，使"教"服从、服务于"学"，将教材从教师"教"的范本，转变为教师指导与服务学生"学"的系统方案。

（3）实用性强。本书注重网络客服基本理论的讲解，强调实用性和综合性，包含大量场景模拟、情景再现。客服范例贴近实际，便于模仿练习，能够帮助学生掌握职业技能，符合相关岗位的能力需求。

本书由福建船政交通职业学院的杨清华担任主编，负责制定整体框架和统编定稿，郑立、林佳梅、季芳、郭楠参与编写，具体编写分工如下：杨清华负责编写第一章、第三章、第六章、

第七章、第八章，郑立负责编写第二章，林佳梅负责编写第四章，季芳负责编写第五章，郭楠负责编写第九章。福建船政交通职业学院电子商务专业2020级4班的李立明同学采集并编辑了本书的部分图片。福州漂洋过海电子商务有限公司总经理、启迪之星（福州）创业孵化基地创业导师郑华锋从实际工作的角度，对本书的编写进行了指导。

本书在编写过程中参阅了大量的相关著作、文献和网络资料，在此一并表示真诚的感谢。

由于编者水平有限，书中难免有不妥之处，敬请广大读者批评、指正。

编　者

2022年7月

目 录

第一章　网络客服认知 … 1

第一节　网络客服概述 … 3
第二节　网络客服的工作岗位 … 7
第三节　网络客服的工作平台 … 11
第四节　网络客服的工作环境 … 19

第二章　网络客服应用基础 … 22

第一节　网络客服工具的类型 … 24
第二节　网络客服工具的运用 … 28
第三节　维护网络安全 … 38

第三章　网店日常管理 … 47

第一节　商品发布 … 49
第二节　促销活动 … 61

第四章　网络客户管理 … 68

第一节　客户购物心理 … 70
第二节　客户类型 … 72
第三节　网店客户关系维护 … 75

第五章　售前客服 … 85

第一节　接待客户 … 87

　　　　第二节　推荐产品 93
　　　　第三节　处理异议 98

第六章　订单处理　　　　　　　　　　　　　　　　　　　　106

　　　　第一节　促成交易 107
　　　　第二节　后台处理 113
　　　　第三节　编写告别信息 119

第七章　打包发货　　　　　　　　　　　　　　　　　　　　124

　　　　第一节　物流与快递 126
　　　　第二节　核算运费 129
　　　　第三节　填写、打印快递单 132
　　　　第四节　商品包装 137
　　　　第五节　物流跟踪 143

第八章　售后服务　　　　　　　　　　　　　　　　　　　　147

　　　　第一节　退换货处理 149
　　　　第二节　评价管理 157
　　　　第三节　投诉处理 161
　　　　第四节　工作交接 168

第九章　压力调整与情绪管理　　　　　　　　　　　　　　174

　　　　第一节　压力调整 176
　　　　第二节　情绪管理 179

参考文献　　　　　　　　　　　　　　　　　　　　　　　　185

第一章　网络客服认知

★ 知识目标

1. 了解网络客服的含义及工作内容。
2. 理解网络客服岗位的重要性。
3. 掌握网络客服的工作流程。
4. 了解网络客服的岗位要求。
5. 认识网络客服的工作环境。

★ 技能目标

1. 能画出网络客服部门的一般组织结构图。
2. 能操作网络客服工作平台。
3. 能熟练使用即时通信工具。

★ 素质目标

1. 培养严谨、细致、实事求是的职业态度和职业素养。
2. 培养团结、协作的团队意识和沟通合作能力。
3. 激发学生对网络客服岗位的热爱。

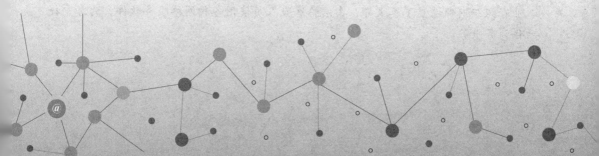

本章知识结构图

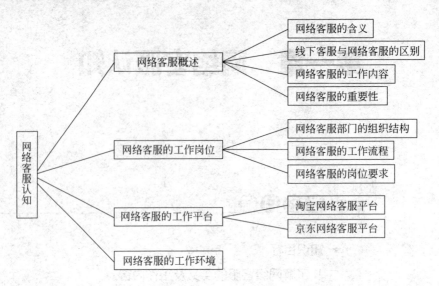

案例情景

小王来到一家网上超市报到。客服部经理老宋给她介绍了客服部门的大致情况,并安排她做实习客服。

老宋告诉小王,要想成为一名合格的网络客服,必须满足岗位要求,强化相关的业务素质。老宋语重心长地对小王说:"你需要学习的东西还很多,要虚心地向你的师傅请教,同时与其他组员通力合作。"小王用心记住了这句话。师傅给小王提出的第一项要求是每天上班前用10分钟练习中英文录入,中文盲打必须达到每分钟60字以上,准确率在95%以上。小王带着对网络客服的憧憬,若有所思地点了点头。

理论研习

人们一听到客服这个概念,就会自然而然地联想到客服电话、售后服务中心等。随着电子商务的迅速发展,网络客服的需求量也迅速增加。众多电子商务企业在组织内部设置了客服部,由网络客服人员使用各种网络服务软件,为客户提供商务服务。

第一节　网络客服概述

一、网络客服的含义

网络客服（online customer service）是基于互联网的一种客户服务工作，是网络购物发展到一定程度时细分出来的一个工种，与传统商店售货员的工作内容类似。

（一）网络客服的概念

一个成功的企业离不开网络客服，一个消费者要想对网络上的产品的内容与细节有更多的了解，也离不开网络客服。经过这几年的发展，客服系统已成为服务网站客户，辅助网站销售的重要工具。网络客服实实在在地让流量变成销量，让电子商务平台的浏览者变成消费者。

当前，电子商务企业主要通过搜索引擎、网站链接、电子邮件、电子商务平台等渠道进行品牌推广与网络营销活动。在此过程中，网络客服发挥着重要作用。网络客服是指通过互联网，利用各种网络通信工具，特别是即时通信工具，为客户提供咨询、发货、订单跟踪、售后处理等销售服务的人员。网络客服也是一个重要的工作岗位，有时又指承担客户服务工作的机构或软件。

（二）网络客服的作用

网络客服的作用具体体现在以下四个方面。

1. 增强客户对服务的感受

网络购物最大的局限在于服务的无形性和商品的不可触摸性。在进行网络客户服务时，客服人员可以根据需要对服务进行有形化处理，将无形的服务通过有形的方式表现出来，从而增强客户的体验和感受。

2. 突破时空不可分离性

传统的购物服务通常与消费同时产生，意味着服务产生的同时顾客是在现场的，因而容易受到时间和空间的限制，客户为寻求服务也常常需要花费大量时间用于往返、等待。基于互联网的远程客户服务可以突破服务的时空限制，提供更高层次的服务，使客户不仅可以了解商品信息，还可以就产品设计、定价和服务等一系列问题发表意见，最大限度地满足客户的个人需求。

3. 促进客户获得服务的主动性

客户通过互联网可以直接向企业提出要求,企业收到客户信息后必须针对客户的要求提供特定的"一对一"服务,满足客户对"一对一"服务的需求,这种"一对一"服务要求企业改变业务流程和管理方式,实现柔性化服务。

4. 提高企业服务效益

网络客服可以从两方面提高企业的服务效益:一方面,企业通过互联网实现远程服务,可以扩大服务范围,创造新的市场机会;另一方面,企业通过互联网提供服务,可以增强企业与客户之间的关系,培养客户忠诚度,减少企业的营销成本。因此,许多企业将网络客服作为赢得市场竞争的重要手段。

二、线下客服与网络客服的区别

线下客服与网络客服的区别主要有以下三点。

(一)工作环境的差异

线下客服主要是在实体店中为客户提供服务。客户到店消费时,线下客服可以通过面对面直接交流,并辅助表情、动作的方式,在短时间内把握顾客的喜好。但在这种工作环境下,客户的光临受时间和空间的限制较大,沟通成本较高,且对客服的反应能力要求较高。

网络客服借助互联网为客户提供服务,利用通信软件,通过文字、图片与客户进行沟通。这种工作环境使网络客服更具神秘感,能够为双方的交流提供一定的缓冲,且客户不受时间与空间限制,可以随时随地进行交流。但在这种工作环境下,网络客服与客户的互动频率较低,服务也缺乏灵活性,容易使客户产生距离感和怀疑感。

(二)工作方式的差异

线下客服从顾客进门,通过观察便可了解顾客的性别、大概年龄、身材、气质、穿着风格等信息,通过与顾客直接交流也可迅速把握顾客的需求和喜好,有目的地向顾客推荐产品。

网络客服无法第一时间把握顾客信息,需要通过即时通信软件与顾客沟通一些基本信息,如顾客的性别、年龄、身高、体重等。顾客信息的隐秘性让网络客服不能迅速准确地掌握相关信息,需要借助长时间的沟通。但是因为沟通成本相对较低,沟通的时长、频率、内容相对实体店都有所提升,网络客服也因此更容易与顾客成为朋友，并保持一定联系，促进长期销售。

（三）工作内容的差异

线下客服需要宣传品牌形象、提高品牌和门店的知名度，做好商品陈列，保持购物环境的有序、整齐、清洁；利用销售技巧向客户推荐商品、促成交易，完成销售报表并向上级汇报。

网络客服根据各自工作内容的不同分为售前客服、售中客服和售后客服，工作内容一般包括顾客问题解答、促成交易、店铺推广、完成销售、售后服务等。

三、网络客服的工作内容

网络客服的工作内容多种多样，企业不同，产品不同，服务的方式和具体内容也会存在很大的差别。通常情况下，网络客服的工作内容大致包含以下几个方面。

（一）售前咨询解答

顾客下单购物之前都会有一个咨询的过程，他们希望客服能够对产品做出详细的介绍。此时，客服的解答咨询要有耐心，专业解决顾客的疑问，促使他们下单。

（二）催付款和引导支付

一些顾客下单之后，由于各种原因久久没有支付款项。这时，客服就要进行催付。可以通过电话或是旺旺等通信软件，催促顾客早点付款；同时，也有一些顾客不熟悉网络购物，不懂如何支付，或者在支付过程中出现问题，此时客服应该主动帮助顾客解决问题，完成支付。

（三）关联销售或推荐

顾客提交订单并且支付之后，客服要耐心了解他们的关联需要，或是给他们推荐一些店铺搞活动的产品；当客户透露出产品购买意愿时，客服应根据客户之前的订单金额，酌情给予一定的优惠，给他们送代金券、赠品或者好评返现，活动形式很多，可以根据具体情况决定，令顾客购物愉快。

（四）核对订单

顾客提交订单并且完成付款之后，客服要跟他们核对一下收货地址以及收货人信息，确认无误之后把订单信息交给发货人员，避免错发、漏发。

（五）跟单以及催好评

货品寄出去一定时间之后，客服人员可以联系顾客，询问是否收到货品，以及商品使用情况等。如果有问题，应及时给予解决；如果顾客没有问题，也可以提醒顾客给予本店全五分的好评。

（六）售后服务

产品在使用过程中难免会出现问题，当顾客反馈咨询相关问题的时候，客服人员一定要积极准确地帮助顾客解决问题，给予顾客优质的售后服务，让顾客享受更安心、更满意、更愉快的购物体验。

四、网络客服的重要性

作为店铺和顾客交流的第一窗口，客服工作在网店中发挥的作用不可小觑，它在店铺的推广、产品的销售以及售后的客户关系维护方面均起着极其重要的作用。

（一）提升客户的购物体验

客服作为一个直接影响顾客购物体验的岗位，对于店铺的整体运营具有重要意义。好的客服能够对顾客的咨询及时响应，对顾客的问题及时解决，对顾客的困惑及时答疑，对顾客的反馈及时跟进，而这些都构成了顾客良好的购物体验。

（二）提高商品的转化率

顾客在对商品不了解的情况下往往会咨询店铺的客服人员。具有专业知识和销售技巧的客服人员可以回复产品信息，提供购物建议，消除顾客疑虑，进一步激发顾客的购买欲望，促成交易的完成，提升客单价。这在平台竞争激烈、店铺引流成本越来越高的现实背景下显得尤为重要。

（三）提高客户回头率

现在电商平台的商品越来越繁杂，买家的搜索浏览成本也变得越来越高。所以，当买家在良好的客服引导下，完成了一次交易之后，买家不仅了解到卖家真挚的服务态度，也对卖家的商品、物流等有了切身的体会。当买家需要再次购买商品的时候，就会倾向于选择他所熟悉和了解的卖家，从而提高店铺顾客的回头率。

(四)降低店铺的经营风险

商家在开店的过程中会遇到退换货、退款、纠纷、差评、投诉甚至诈骗等各种经营风险。客服对产品熟悉就能够精准推荐,有效控制退换货和退款,尽量避免交易纠纷;客服对规则熟悉,就能够更好地应对顾客投诉,且不触犯平台规则;客服具有良好的沟通能力,就能够大事化小、小事化了,不会激化售后矛盾;客服警惕性高,就可以避免店铺因被少数不良分子恶意敲诈而导致损失的情况。

第二节 网络客服的工作岗位

一、网络客服部门的组织结构

电商企业会根据自身的业务发展需要来设置网络客服部门下不同的组织结构,不同的组织结构又影响到客服人员的工作职责。在了解客服岗位的要求之前,需要先了解网络客服部门的组织结构。

纵观国内在线销售平台的电商企业,网络客服部门的组织结构主要有以下两种。

(1)使用单一平台的电商企业,如天猫店铺或者淘宝集市店铺等,其售前、售中、售后的组织结构,如图 1-1 所示。这种组织结构的优点是售前、售中、售后客服的专业化程度高,问题责任归属明确;缺点是沟通不够通畅,如售中客服不能在客户咨询售后问题时给予准确回答。

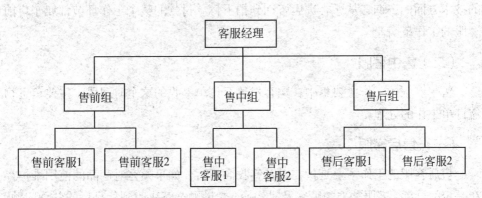

图 1-1 单一平台电商企业客服部门组织结构

(2)使用多个平台的电商企业则倾向于根据不同平台进行设计,其组织结构如图1-2所示。这种组织结构的优点是不同平台客服独立管理，售前、售中、售后的沟通较顺畅；缺点是由于客服人员需要专职专用，因此要聘请较多的客服人员，不适合规模较小且使用平台较多的电商企业。

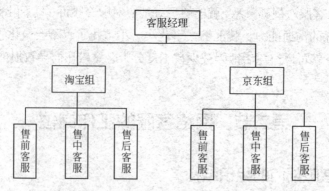

图1-2　多平台电商企业客服部门组织结构

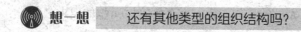

还有其他类型的组织结构吗？

二、网络客服的工作流程

一般而言，大中型网店的客服人员分为售前客服、售中客服和售后客服。

（一）售前客服

售前客服主要从事引导性的服务，如回复顾客（包括潜在的顾客）关于产品的技术方面的咨询，从顾客进店咨询到拍下订单付款的整个工作环节都属于售前客服的工作范畴。

（二）售中客服

售中客服的工作主要集中在顾客付款至订单签收的这个时间段，主要负责物流订单工作的处理。

（三）售后客服

售后客服的工作主要是指在顾客签收商品后，如果顾客对产品的使用维护存在一定的疑惑，客服需要与顾客及时沟通，帮助顾客解决收到货品后的各种问题。售后问题通常集中在退换货和中差评两个事项。也正是如此，网店对售后客服的要求较高，客服不仅需要了解商品的专业知识，还需要对销售平台以及店铺的规则了然于心，并且具有判断售后问题的综合能力。

网络客服的工作流程如图 1-3 所示。

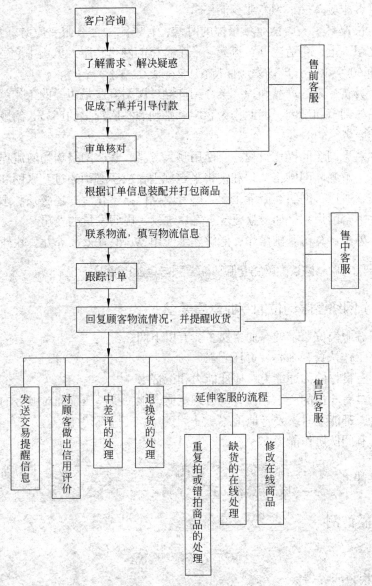

图 1-3　网络客服工作流程

三、网络客服的岗位要求

为了能够胜任网店客服的工作，提升客户的购物体验，协助完成店铺的运营，网店客服应该符合相应的岗位要求，包括专业技能要求和专业素质要求。

（一）网络客服岗位的专业技能要求

网络客服应掌握下列专业技能要求。

（1）快速打字。店铺业务繁忙的时候，有可能一个客服要应对好几个顾客，打字速度跟不上，会造成顾客流失。一个合格的网络客服人员，中文盲打必须达到每分钟60字以上，准确率应保持在95%以上。

（2）具备一定的产品知识，会介绍产品。网络客服最主要的工作就是向顾客解释产品的细节和疑问，因此作为客服，必须熟悉店铺里的产品，给顾客做好推介产品的服务。

（3）熟悉网店的操作流程，会使用聊天工具，掌握网络购物的流程。

（4）了解互联网网络文化和销售平台规则。由于必须通过互联网和一些销售平台工作，所以，网络客服除了要了解互联网网络文化外，还必须熟悉淘宝、京东等一些平台的规则，如退款要求、客户维权、虚假发货的处罚等。

（5）熟悉计算机基础操作，能够熟练使用 Word、Excel 等办公软件。

> **想一想**　你认为网络客服还需要哪些专业技能呢？

（二）网络客服岗位的专业素质要求

网络客服岗位要求的专业素质主要有以下四点。

（1）工作认真、细心、责任心强。

（2）有良好的沟通能力、应变能力和记忆力。

（3）具有积极的心态、良好的心理素质，能抵抗高压，面对顾客的抱怨、质疑、责备，都能及时、妥善地消解。

（4）有团队协作能力。

> **想一想**　俗话说"忍一时风平浪静，退一步海阔天空"，你认为"忍让"是不是客服岗位需要的基本素质之一？为什么？

🎧 客服范例

天猫客服招聘简章

1. 岗位职责

售前咨询：运用在线聊天工具回答买家提问，引导用户购买下单。

订单处理：熟练操作淘宝、天猫、第三方平台等后台处理订单。

售后处理：退、换货需求的处理，减少投诉和中、差评。

2. 任职资格

有耐心和责任心、学习能力强、服务意识强。

热爱电子商务行业,有网购客服经验者优先。
熟练应用 Office 办公软件,打字速度在 50 字/分钟以上。
能够适应早、晚班。
优秀应届毕业生亦可。

3. 工作时间
早班 8:30—17:30
晚班 16:30—23:00
早晚班轮休,一星期调整一次。
公司福利:提供食宿,住宿环境优越,提供午餐补贴。

第三节 网络客服的工作平台

一、淘宝网络客服平台

1. 软件简介

淘宝网是亚太地区最大的网络零售商圈,由阿里巴巴集团在 2003 年 5 月创立。千牛工作台(卖家版)是天猫、淘宝等网络客服中最常用的工作平台,由阿里巴巴集团官方出品,淘宝卖家、天猫商家均可使用,包含卖家工作台、消息中心、阿里旺旺、量子恒道、订单管理、商品管理等主要功能。

目前有 PC 版和手机版两个版本。其核心功能是为卖家整合店铺管理工具、经营咨询信息、商业伙伴关系,借此提升卖家的经营效率,促进彼此间的合作共赢。淘宝中 70% 的工作岗位都是使用千牛工作台完成的。千牛工作台功能齐全、性能稳定,是客服与顾客沟通的良好桥梁。

千牛 PC 版的常用功能包括宝贝管理、店铺管理、货源中心、营销中心等。其中,宝贝管理可以直接发布宝贝,并显示已被购买的宝贝;店铺管理包括我的店铺、店铺装修、图片空间、子账号管理等功能;货源中心则可以帮助卖家直达阿里供销平台和 1688 采购批发平台进行采购;营销中心集成了量子统计、数据中心和会员关系管理系统。

2. 使用技巧

千牛工作台功能齐全、性能稳定,是专门为淘宝和天猫卖家打造的一个办公平台,可以帮助卖家管理自己的店铺、宝贝,作为淘宝、天猫的网络客服,学会使用此工作台十分有必要。

(1)在计算机上打开千牛工作台,单击"常用",如图 1-4 所示。"常用"包含许多经常使用的功能,方便卖家更快速地打开常用模块。

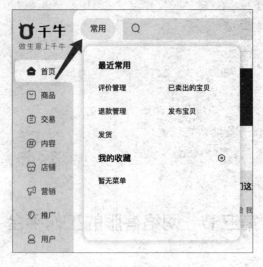

图1-4 千牛工作台的"常用"

(2)图1-5是整体的版面模块,如果觉得太复杂可以去掉一些模块。方法是将鼠标指向最右侧,出现一条细长的黑色滚动条,将其按住拉到最底部即可。

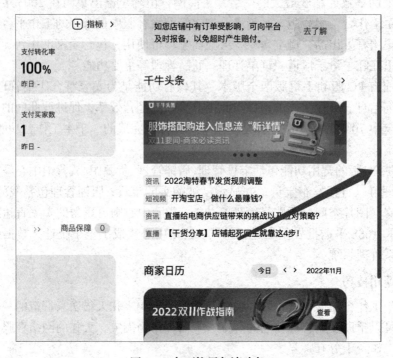

图1-5 向下拉黑色滚动条

（3）在该页面中，可以查看支付子订单数、支付转化率、客单价、支付买家数等关键信息。单击右上角的"指标"按钮，如图1-6所示，可以进入数据设置界面，根据需要自由添加或移除指标。

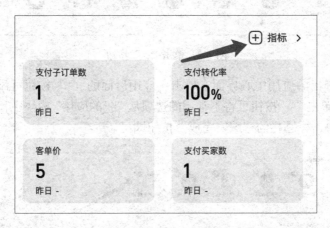

图1-6　单击"指标"按钮

（4）在弹出的数据界面，可以看到"店铺经营数据""店铺财务数据""店铺营销数据"等模块。每个模块中包含多项指标，如果需要将指标显示在首页上，可单击方框，使方框被选中，如图1-7所示。

图1-7　添加指标

（5）在首页的最底部有"我的应用"，如图1-8所示，单击右侧的">"按钮，可以进入应用界面。

图1-8 单击">"按钮

（6）在弹出的应用中心界面，单击各应用后面的"+"按钮可添加进"我的应用"模块，单击"-"按钮可将不常用的选项从"我的应用"模块中移除，如图1-9所示。最后单击标题栏的"编辑完成"按钮即可。

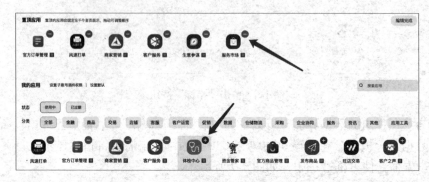

图1-9 添加或移除应用

> **练一练**　请根据上述理论知识，两人一组，分别扮演买家和卖家，使用"千牛工作台"网络客服平台完成一笔交易。

二、京东网络客服平台

1. 软件简介

咚咚工作台是指京东咚咚商家版，是供京东中小型商家使用的工作台，它不仅具有在线客服功能，还具有即时消息提醒、订单管理等功能。使用该软件可便捷地联系客户，高效地进行客服管理，软件中的客户备注、订单备注也能帮助商家提升处理效率。

京东咚咚商家版是商家打理店铺的得力帮手，是京东商城针对商家和用户推出的即时通信工具（instant messaging，IM），是商家和用户沟通的桥梁。京东咚咚商家版支持PC端与移动端，下面以PC端为例介绍其使用技巧。

2. 使用技巧

（1）下载安装软件后，双击打开，显示登录页面，如图1-10所示。商家输入账号和密码进行登录。

图1-10　登录京东咚咚商家版

（2）设置头像。单击"头像"，并在打开的窗口中，单击"修改头像"按钮，选择自己喜欢的头像进行设置，如图1-11和图1-12所示。

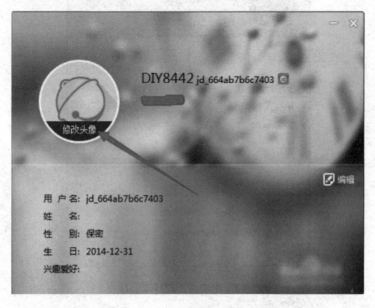

图1-11　单击"修改头像"按钮

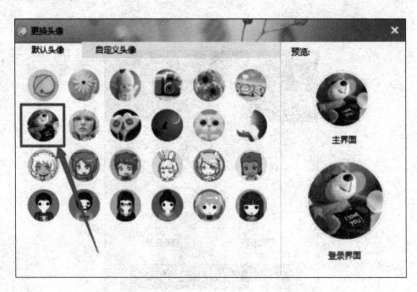

图 1-12 选择头像

（3）添加好友。单击京东咚咚面板下方的"添加好友"按钮，如图 1-13 所示。在打开的"查找联系人"窗口中，输入用户的昵称或用户名便可以申请添加好友，如图 1-14 所示。

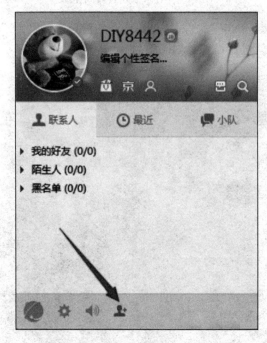

图 1-13 单击"添加好友"按钮

第一章 网络客服认知

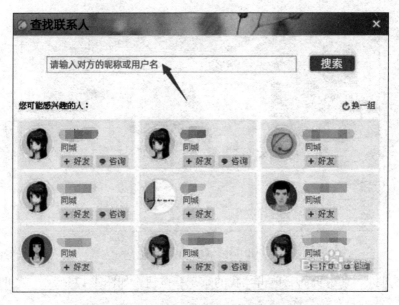

图 1-14 输入用户的昵称或用户名添加好友

（4）查看订单详情。单击京东咚咚主面板上的"京东助手"按钮，如图 1-15 所示。在"我的订单"窗口中就可以查看最近一段时间的交易记录，如图 1-16 所示。

图 1-15 单击"京东助手"按钮

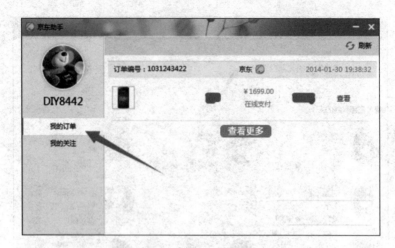

图1-16　查看交易记录

（5）进入京东页面。单击"我的京东"按钮，如图1-17所示，就可以进入网页版"我的京东"界面。

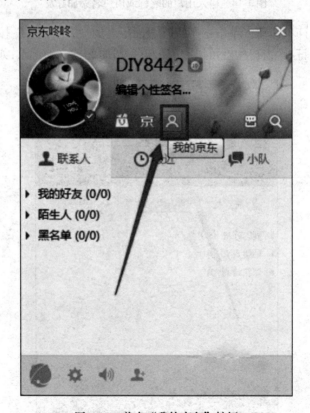

图1-17　单击"我的京东"按钮

请根据上述知识,两人一组,分别扮演买家和卖家,使用"咚咚工作台"网络客服平台完成一笔交易。

第四节 网络客服的工作环境

网络客服是最接近顾客的职位,也是最了解客户的职位。因此,要提升顾客满意度就要先满足客服的需求。客服员工的工作环境是影响其工作状态的重要因素,良好的工作环境可以极大提升客服的工作效率并保持良好的工作态度,进而为顾客提供更好的服务。

电商公司网络客服部一般包含工作区、休息区、活动区等,工作环境如图 1-18~图 1-20 所示。

图 1-18 工作区

图 1-19 休息区

图 1-20 活动区

想一想 为了更好地提高工作效率，你觉得公司还可以配备哪些有利于网络客服工作的设施呢？

实践练习

一、单选题

1. （　　）是指通过互联网，利用各种网络通信工具，特别是即时通信工具，为客户提供咨询、发货、跟踪订单、售后处理等销售服务的人员。
   A. 网店客服　　　B. 销售客服　　　C. 语音客服　　　D. 网络客服

2. 网络客服的工作环境不包括（　　）。
   A. 工作区　　　　B. 休息区　　　　C. 运动场　　　　D. 生活区

二、多选题

1. 网络客服与线下客服的区别主要有（　　）。
   A. 服务本质的差异　　　　　　　B. 服务形式的差异
   C. 服务对象的差异　　　　　　　D. 工作内容的差异

2. 网络客服岗位的素质要求有（　　）。
   A. 工作认真、细心、责任心强
   B. 有良好的沟通能力、应变能力和记忆力
   C. 具有积极的心态、良好的心理素质，能抵抗高压
   D. 有团队协作能力

3. 网络客服工作平台包括（　　）。
   A. QQ　　　　　　B. 千牛　　　　　C. 咚咚　　　　　D. 阿里旺旺

三、判断题

1. 一个合格的网络客服人员应该符合相应的岗位要求，包括专业技能要求和专业素质要求。（　　）

2. 一个合格的网络客服人员，中文盲打必须达到每分钟50字以上，准确率保持在90%以上。（　　）

3. 网络客服不需要有良好的沟通能力。（　　）

4. 网络客服的工作只需要回答顾客的问题就可以了。（　　）

四、简答题

1. 网络客服的工作内容有哪些？
2. 网络客服岗位的素质要求有哪些？

五、技能实训

文字录入训练

随着互联网的普及和电子商务的高速发展，客服人员不仅要面对传统的线下客户，还要面对线上客户。对网络客服人员来说，文字录入是一项必备技能，文字录入训练步骤如下。

步骤1：准备一篇客服常用语的文档，字数约为1000字。

步骤2：选择汉字的输入方法，允许采用五笔字型或拼音输入法。

步骤3：通过即时聊工具（腾讯QQ、淘宝旺旺）或文字处理软件（记事本、Word）进行录入。

步骤4：要求打字速度不低于50字/分钟，准确率不低于95%。

各小组参考如表1-1中任务评价表的内容，完成任务评价。

表1-1　任务评价表

姓名		任务		方案录入技能训练			
时间				地点			
项目				优秀	良好	合格	继续努力
任务背景		清楚任务要求，解决方案清晰					
任务实施准备		收集任务所需文档资料，并对素材整理分类					
任务实施	子任务	评价内容或依据					
	任务一	客服常用语文档1					
	任务二	客服常用语文档2					
	任务三	客服常用语文档3					

第二章　网络客服应用基础

★ 知识目标

1. 认识并熟练运用网络客服工具。
2. 掌握网络安全知识，谨防网络骗局。

★ 技能目标

1. 能运用各种网络客服工具与客户沟通。
2. 能辨别网络骗术，确保交易安全。

★ 素质目标

1. 培养诚信和遵纪守法的网络客服意识。
2. 培养认真细致的工作态度。
3. 培养应变能力及解决问题的能力。

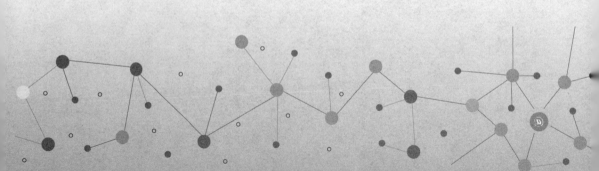

第二章 网络客服应用基础

本章知识结构图

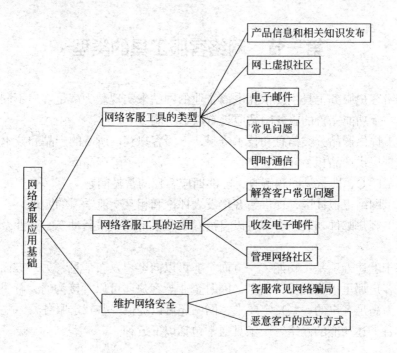

案例情景

网络客服新人小李在客服主管的带领下参观了公司的客服中心。她听到不远处传来的连续不断的嘀嘀声,便好奇地问主管:"这是什么声音?谁的电话在响?"主管笑而不语,领着小李走到一台客服计算机前说:"你听到的是这个声音吗?"

小李点头肯定,只见身边这位客服小姐姐的手指伴随着计算机的嘀嘀声有节奏地、不停地在键盘上敲打,嘀嘀声正是连续不断的消息提示音。再看看计算机屏幕,原来这位客服小姐姐正同时和20多位客户聊天。

主管看到小李惊奇的表情,介绍说:"这是我们公司售前服务组正在使用即时通信工具阿里旺旺与客户进行沟通交流,以后你要认真学习并掌握各种通信工具的基本操作与功能,因为不同的交易平台所使用的即时通信工具各有不同。要想成为一名优秀的网络客服,就要熟悉和掌握各种常见的即时通信工具。"

理论研习

现代网络客服离不开信息技术的支撑,信息技术已被深入地运用到客户服务的实践中。企业必须面对电子商务带来的机遇，充分利用网络信息技术，实现客户服务的创新。

第一节　网络客服工具的类型

网络客户服务工具主要依托电商企业的网站来实现。为满足客户不同层次的需求，一个功能完善的服务网站应具有以下功能。

（1）提供产品分类信息和技术资料，方便客户获取所需的产品和技术资料。
（2）提供产品相关知识和链接，方便客户深入了解产品。
（3）FAQ，即常见问题解答，能够回应客户的常见问题。
（4）网络虚拟社区，提供给客户发表评论和相互交流学习的园地。
（5）客户邮件列表，客户可以自由登录和了解网站最新动态，企业及时发布信息。

基于上述五项基本功能，一方面企业可以向客户发布信息，另一方面企业也可以从客户那里接收到反馈信息，同时企业与客户还可以直接沟通，解决客户的问题。为满足客户的一些特定要求，网站还可以提供一些特定服务。

具备上述功能的网络客服工具通常包括以下五种。

一、产品信息和相关知识发布

客户上网查询产品，是想全面了解产品信息。因此，在设计提供产品信息时应遵循的标准是：客户看到这些产品信息后不必再通过其他方式来了解。

对于一些复杂产品，客户在选择、购买和使用期间需要了解大量与产品有关的信息，以熟悉产品构造和使用方法等。特别是一些高新技术产品，除了在产品介绍中详细介绍产品各方面信息，企业还需要介绍一些关联知识，以帮助客户更好地了解和使用产品。

二、网络虚拟社区

企业设计网络虚拟社区是为了提供一个平台，让客户在购买产品时通过该平台发表评论，提出针对产品的一些建议，或者与其他客户进行交流，了解产品的详细信息。营造一个与企业的服务或产品相关的网络虚拟社区，不但可以让客户自由参与，还可以吸引更多的潜在客户购买产品。网络虚拟社区是客户常用的服务工具之一，由于客户通常愿意积极参与并相互分享产品信息和使用体验，实际也是一种服务营销场所。

（一）网络虚拟社区的主要形式和功能

1. 电子论坛（BBS）

电子论坛是虚拟网络社区的主要形式。大量的信息交流都是通过 BBS 完成的，会员通过张贴信息或者回复信息达到互相沟通的目的。有些简易的网络虚拟社区甚至只有一个 BBS 系统。

2. 商家群

商家群是为了帮助淘宝卖家管理维护自己的新老客户、推广自己的产品、降低营销成本而推出的团购产品官方群。

3. 微信公众号

微信公众号是企业对客户提供业务服务与用户管理能力的全新服务平台，以图文并茂的文章推送形式向客户宣传推广本企业的经营范围和相应的商品信息。

论坛、商家群、微信公众号是网络社区中最主要的表现形式，在网络营销中有着独到的应用，可以增进客服人员和客户之间的关系，也可能直接促进网络销售。

想一想 当前，网络虚拟社区的形式还有哪些？

（二）网络虚拟社区的管理

成功管理一个网络虚拟社区需要从以下方面着手。

1. 利益共享

利益共享是网络社区的基本出发点。如果会员不能从社区分享到自己所期望的利益，就会渐渐失去对该社区的关注。会员期望的利益既包括切实的物质利益，也包括了解有价值的信息，与志趣相投者交流，获得心理满足等多方面的内容。

2. 开放性

一个社区最活跃的是其核心成员，但仅有核心成员的参与是不够的，社区应该具备开放性，鼓励更多成员参与讨论。网络社区管理过程中应该营造一种开放、平等的氛围，无论新老成员，都可以自由参与。

3. 潜在会员

对于有购买意向的新客户或是多次购买的非会员客户，可用发放优惠券、提供折扣或是赠送小礼品等方式鼓励客户成为新会员。

4. 会员忠诚

会员忠诚度是顾客长期购买产品的保障。为会员提供附加价值会增进会员对社区的忠诚度和依赖性，例如特别的折扣、不定期的奖励措施等，必要时可利用线下的沟通机会增强会员与社区的关系。

5. 环境保护

良好的环境是社区运行的重要影响因素。不要让喧闹的商品广告出现在社区里，大量的广告会使会员觉得厌烦。必要的话，也可以聘请主要成员参与社区管理，授权他们删除与主题无关的言论，或者其他非法言论、恶意中伤言论等信息。

一个活跃的社区在网络客服中的作用不可被低估。在条件允许的情况下，在规划和建设网站或是电商店铺时，应尽可能将网络虚拟社区的建设作为一项基本内容。

三、电子邮件

电子邮件客服管理是指通过及时回复客户的电子邮件来解答客户疑问，协调与客户的关系，提高服务水平的一种客户服务形式。合理运用电子邮件可以达到提高服务水平，改善与客户关系的目的。在对外贸易的客户服务手段中，电子邮件的作用尤其重要。

电子邮件是一种成本较低的沟通方式，客户一般比较反感滥发的电子邮件，但对与自己相关的电子邮件会非常感兴趣。企业建立电子邮件列表，可以让客户自由登记注册，然后定期向客户发布最新的信息，加强与客户的联系。

以网站客户为基础的内部邮件列表在客户服务、客户关系维护、产品推广等方面具有极高的价值，但由于这种方式操作起来有一定的难度，因此一些规模较小的企业难以有效利用这种方式。

目前，企业常用的邮箱有腾讯邮箱、网易邮箱、新浪邮箱、阿里云企业邮箱等。网络企业常根据业务需要来选用适合本企业的邮箱。

客服小知识

某调查公司的一项研究表明，客户对服务及时性的要求越来越高，期望的回复时间从以前的24小时减少到12小时。近年来，大多数客户希望在6小时内获得客户服务的回复，甚至不少客户在寻求获得即时满意的回复。

四、常见问题

FAQ 是英文 frequently asked questions 的缩写，通常解释为"常见问题解答"。FAQ 是在网络上提供在线帮助的一种工具，通过列出一些可能出现的问答对话，并发布在网页上，为用户提供咨询服务。

在网络营销中，FAQ 被认为是一种常用的在线顾客服务手段。一个好的 FAQ 系统应该至少可以回答用户 80% 的常见问题。FAQ 系统不仅方便了用户，也大大减轻了网络客服的压力，节省服务成本，并且提升了顾客的满意度。因此，高效的客服应该重视 FAQ 的设计。

设计一个简明高效的 FAQ 需要注意以下内容。

1. 保证 FAQ 的效用

FAQ 需要回应客户常见的问题，设计的问题和解答都必须有一定广度和准确性，能够涵盖常见问题，能够对绝大部分客户有帮助。

2. 保证 FAQ 简单易用

首先，提供搜索功能，方便客户通过输入关键字就可以直接找到有关问题的答案；其次，采用分层目录式的结构来组织问题；最后，需要将客户提问频率较高的问题放到前面。

3. 保证 FAQ 内容实用

目前，有效利用 FAQ 服务的网站还很少，部分平台虽然开设了 FAQ 栏目，但仍难以满足客户服务的需求，主要表现在：信息数量少，难以涵盖常见问题；以通用性的网络营销基础知识为主，有效信息不足。客户真正关心的是有关本企业产品和服务的常见问题，FAQ 中具有实用价值的信息不仅对现有客户具有指导作用，对潜在客户的购买决策也会产生一定的影响。

客服范例

> 微软公司的网站中有非常详尽的知识库，对于客户提出的一般性问题，在网站中几乎都有解答。同时 Microsoft 还提供了一套有效的检索系统，让客户在数量巨大的文档中快捷地查找到所需要的内容。

五、即时通信

即时通信技术是指能够即时发送和接收互联网信息的业务。它以实时、高效的特点迅速成为最常用的网络客户服务工具。随着网络购物的兴起，各大网购交易平台应运而生，如淘宝、京东等。这些网购平台为了方便交易双方的在线交流，通常会建立自己的即时通信工具，如京东的咚咚、淘宝的阿里旺旺、百度的爱番番等。

1. 京东咚咚

京东咚咚是京东为用户、商家及京东客服打造的一款即时通信工具。据京东官网介绍,京东咚咚分为个人版和商家版。京东咚咚个人版不但支持单人聊天和多人聊天,还支持用户与客服直接沟通。而京东咚咚商家版,除具有与客户聊天功能外,还新增客户管理功能,提升了交易处理效率。

2. 阿里旺旺

阿里旺旺是阿里巴巴旗下的为商家打造的一款技术先进的即时沟通软件。与一般的即时通信工具相比,阿里旺旺根据网上购物的沟通需求进行设计,在商业运用上功能更齐全,使用更便捷。

3. 爱番番

爱番番由原先的百度商桥升级而来,是百度推出的一款企业管理软件,支持多端实时沟通,在网页(Web 端)、PC 客户端和 App 三端均可实现沟通接待工作。它可帮助用户更好地管理客服和营销业务,让客服的效率更加高效。大部分企业网站都会用百度爱番番等在线沟通工具与客户进行即时沟通。

 下载并安装相应的即时通信工具,并熟悉各通信工具的操作界面。

第二节 网络客服工具的运用

一、解答客户常见问题

回答客户常见问题(FAQ)是实施网络客户服务的较好入手点。通过设计良好的 FAQ,企业可以帮助客户解决很多日常问题,提高解决问题的效率。FAQ 是对公司基本情况的介绍,它既能够引发那些随意浏览者的兴趣,也能够帮助有目的的浏览者迅速找到他们所需要的信息。

(一)建立 FAQ

FAQ 的设置可以询问客户服务部、负责公司热线服务的人员和一线销售人员,或者直接由他们负责设置。

(1)一般来说,客户服务部的工作人员最了解有关 FAQ 的情况。他们知道客户问得最多的问题是什么,也知道问题的答案,而且他们能够透过问题表面,知道客户真正想要问什么。例如,客户询问关于送货方面的问题,实际上是想知道从订购商品到投入使用需要花多少时间;客户询问关于保修方面的问题,实际上是想知道该产品是否可靠。

（2）负责公司热线的人员及一线的营销人员熟悉客户的提问形式，了解这些形式也是建立良好 FAQ 的关键，所以应积极与他们交流心得。

（二）FAQ 页面设计

设计良好的 FAQ 页面能够为企业和客户节约许多浏览与沟通的时间，因此需要认真考虑页面的组织与设计方案。FAQ 页面设计需要注意以下几点。

（1）为了让客户能够在网站中轻松地找到 FAQ 页面，网站主页上应设置一个醒目的标志指向 FAQ，二级界面的工具栏中也应设有该按钮。

（2）点击 FAQ 页面中的选项，应能够跳转到网站的其他文件，使客户可以通过 FAQ 了解产品及其他信息。同时，在网站的产品和服务信息区域应该设立 FAQ 的反向链接，客户可以在阅读产品信息时回到 FAQ 页面。

（3）FAQ 页面上的内容必须清晰易读、简洁明了，能够为客户提供实际帮助，使客户经过阅读能够解决问题，避免他们花费大量时间后却没有收获。

（4）从客户的角度出发设计 FAQ 的页面与格式，常用的方法是按照主题将 FAQ 页面划分成不同区域，以便使客户能够直接看到哪个区域可以查询到所需的答案。

（三）保证 FAQ 的有效性

为保证 FAQ 的有效性，首先要经常更新问题，根据近期的客服反馈回答客户经常提出的热点问题；其次，设计的问题应短小精悍，对提问频率高的、解决方式简单的问题，不宜用过长的文本文件作为回复，否则会浪费客户在线时间；最后，对一些重要问题的回复应在保证精准的前提下尽可能简短。

（四）控制信息暴露度

FAQ 能够为客户提供有关企业的重要信息，但企业不必把所有关于产品、服务和公司的情况都刊载到该页面。如果企业的 FAQ 中没有涉及任何实质性问题，那么它便毫无价值；但如果企业 FAQ 暴露了过多内部情况，则会使竞争对手、媒体掌握过多本企业信息，不利于本企业的竞争与发展。只有在两者之间寻找到平衡点，才能使网站成为公司的一份资产。

二、收发电子邮件

电子邮件是企业进行客户服务的常用工具。来自客户的电子邮件代表了客户的诉求，及时通过电子邮件回复客户诉求，是提高客户满意度、提升品牌形象的重要手段。

> **客服小知识**
>
> 根据预测，2024年美国使用Email的人口将达2.7亿，品牌与个人可以重新重视电子邮件营销，与受众创建更紧密的连接，例如通过电子报形式再营销。跟过去不同的是，电子报不再只是广告邮件，而是更为个性化、更私密的存在。

（一）电子邮件的特点

电子邮件的特点表现在以下三个方面：一是电子邮件的发送与接收没有任何时间限制；二是使用电子邮件答复客户具有正式性；三是电子邮件是一种快捷的沟通方式。

（二）利用电子邮件开展客户服务

首先，企业需要对电子邮件进行分类管理，可按部门分类，让对应的部门来回答相关问题，也可按紧急程度进行分类。

其次，企业应设置自动应答功能。企业客服人员应改变在接收邮件后人工告知客户已收到来信的做法，而使用自动应答器发出一封事先设置好的回信，传达给客户这样的信息——邮件已接收，并已引起我方的关注。这种答复可以采用特定格式，如"本公司经理对您的建议很感兴趣，并十分感谢您为此花费了宝贵的时间……"

再次，客服人员应根据客户所提问题的紧急程度给予相应的答复。一般情况下，大多数邮件应在24小时内给予答复，紧急邮件应及时答复，对给企业提出宝贵意见的邮件应专门致谢。

最后，可利用电子邮件与客户建立主动的服务关系。例如，向客户发送企业最新产品的促销信息，以征求客户意见，了解最新的客户需求，为企业市场调查与销售决策提供依据。

三、管理网络社区

当前，电子论坛、商家群、微信公众号等网络社区可由商家创建与主导，十分受商家欢迎。这些网络社区是将店铺消费者与关注者聚集在一起集中推广，发布店铺优惠信息的窗口。管理网络社区的常见方式如下。

（一）利用电子论坛

1. 建立网站论坛

商家可以主动在本企业网站上建立论坛，为客户创造讨论平台。为了便于讨论，商家可以设立不同的讨论组。讨论组的划分方法有很多种，可以按产品线划分，或按客户需求划分，也可以按地区划分。但分组不宜过多，否则客户将面临选择分组的难题，而且每一个讨论组中缺乏足够的成员。论坛的话题设置方面，应该扩大论题范围，让人们谈论整个行业，谈论本企业的竞争者，企业可从中获得有用的信息。

2. 对网站论坛实施控制

（1）论坛管理方式。网站论坛有两种管理方式：一种是打印机式管理，不论用户说些什么，都直接呈现在论坛中；另一种是编辑式管理，对用户发布的信息进行筛选后再刊登，也就是说企业不仅仅是为客户提供言论分享场所，还需要为其发布的内容负责。

（2）控制得当。如果控制过头，企业完全根据自己的好恶进行信息筛选，客户就会失去自由发表言论的权利，论坛中的内容就会失去真实性，论坛就会失去它的价值，这甚至会引发客户的不满，使其到其他公共论坛发布对本企业不利的言论，所以一定要把握好控制筛选的程度。

（3）发挥论坛协调员的作用。论坛协调员就是论坛的编辑。与普通编辑不同的是，论坛协调员还必须作为论坛成员加入讨论，激发思路，把握方向。论坛协调员的工作好坏会直接影响论坛的运作效果。作为论坛协调员，应该做到：①性格外向；②给予客户赞赏与表扬；③有耐心；④控制好论题的数量，太多会使客户无所适从，太少会显得乏味；⑤为拓宽参加者的思路，应鼓励他们多讨论本企业产品的优点。

（4）个别讨论。当碰到难以应付的客户，或碰到敏感性问题时，可以与客户进行私下交流，这样可以让客户觉得自己受到重视，同时也避免问题在论坛中发酵、扩散。企业向特定客户询问建议，客户通常会十分认真地对待这一任务。

（二）建立商家群

建立商家群不仅可以有效地向老顾客传递信息，而且可以让目标客户、潜在客户加入群里，通过定期的活动，潜移默化地影响客户，最终转化为自己的固定客户。

卖家启用商家群之后，可以通过商家群进行商品促销，发布团购商品，可以在"活动"中选择"创建活动"，设置自己的团购价、数量和上架时间。一般买家在搜索宝贝时，需要输入关键词或者宝贝 ID 进行搜索。买家只有通过商家群中的商品链接才能看到团购价格，而将链接发送给群外的朋友只能显示原价，解决方法就是推荐朋友进入商家群。

此外，每个群都要有自己的规章制度，如发言机制、活动规则，这些规章制度要在群公告栏定期通告。

（三）使用微信公众号发布图文信息

微信公众号可以给关注者推送文字、语音、图片、视频等信息，推送的内容可以是重要通知、趣味互动、产品营销等。

1. 微信公众号的注册步骤

（1）打开微信公众平台官网，在页面右上角单击"立即注册"按钮，如图2-1所示。

图 2-1 单击"立即注册"

（2）进入注册界面，选择账号类型，如图2-2所示。账号类型分为订阅号、服务号、小程序和企业微信。

图 2-2 选择账号类型

第二章 网络客服应用基础

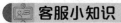 客服小知识

账号类型及功能介绍如图 2-3 所示。

账号类型	功能介绍
订阅号	主要偏于为用户传达资讯（类似报纸杂志），认证前后都是每天只可以群发一条消息，适用于个人和组织
服务号	主要偏于服务交互（类似银行、114，提供服务查询），认证前后都是每个月可群发4条消息，不适用于个人
企业微信	企业微信是一个面向企业级市场的产品，是一个独立 App 好用的基础办公沟通工具，拥有最基础和最实用的功能服务，专门提供给企业使用的IM产品，适用于企业、政府、事业单位或其他组织
小程序	是一种新的开放能力，开发者可以快速地开发一个小程序。小程序可以在微信内被便捷地获取和传播，同时具有出色的使用体验

温馨提示：
1. 如果想简单的发送消息，达到宣传效果，建议可选择订阅号；
2. 如果想用公众号获得更多的功能，例如开通微信支付，建议可以选择服务号；
3. 如果想用来管理内部企业员工、团队，对内使用，可申请企业微信；
4. 原企业号已升级为企业微信。

图 2-3　账号类型及功能介绍

（3）填写作为登录账号的邮箱，并登录邮箱查看验证邮件，填写邮件中的验证码进行账号激活，如图 2-4 和图 2-5 所示。

（4）了解订阅号、服务号和企业微信等的区别后，选择想要的账号类型，如图 2-6 所示。

图 2-4　查看验证邮件

34　网络客服实务

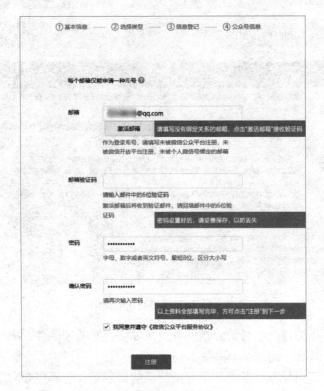

图 2-5　填写邮箱及验证码

图 2-6　选择账号类型

（5）选择账号类型后，填写企业信息，进行信息登记，如图2-7所示。

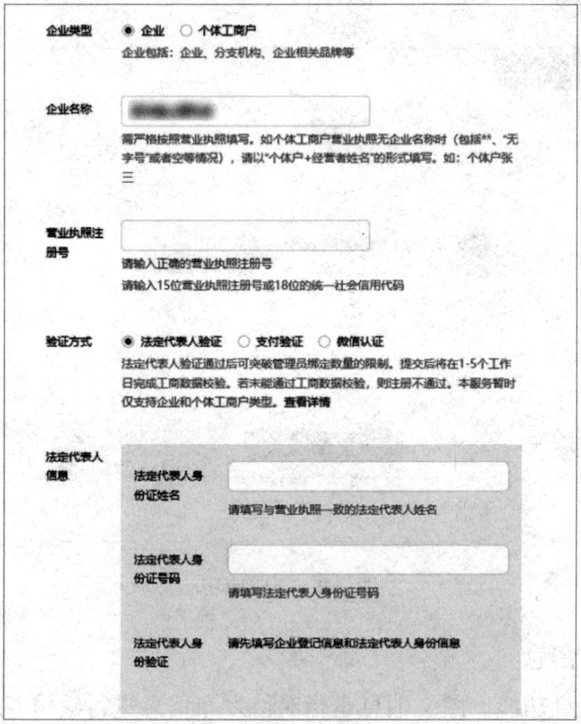

图2-7 填写企业信息

（6）填写账号信息，包括账号名称和功能介绍，选择运营地区，如图2-8所示。

图2-8 填写账号信息

（7）单击"完成"按钮完成注册，单击"前往微信公众平台"进行登录后便可以开始使用公众号，如图2-9所示。

图2-9　注册成功

2. 编辑图文消息

（1）图文消息功能。图文消息是指对待发布信息进行编辑、排版的功能，可用于展现商家的活动内容、相关产品资讯等。图文消息的效果如图2-10所示。

图2-10　图文消息的效果

（2）编辑图文消息。进入微信公众平台→创作管理→图文素材→新的创作→图文消息，或进入首页→新的创作→图文消息，即可编辑单图文信息；如果需要编辑多图文消息，直接单击左侧图文导航"＋"可增加一条图文消息，最多可编辑 8 条图文内容，如图 2-11 和图 2-12 所示。

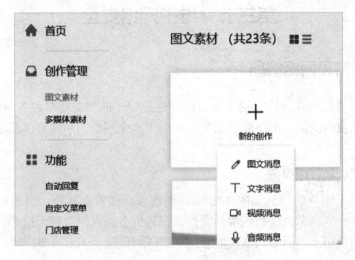

图 2-11　选择"新的创作"

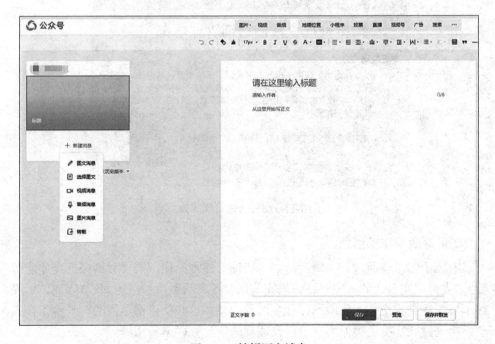

图 2-12　编辑图文消息

> **练一练**　请同学们分组活动，一部分同学进行买家群内的活动分享，另一部分同学进行微信公众号的图文信息编写传播。

第三节　维护网络安全

一、客服常见网络骗局

网络购物也存在风险。网络客服同样也是骗子的"关注对象"，很容易因受骗导致店铺钱财受损。网络客服如果遇到以下六个场景，一定要谨慎小心，以免上当受骗。

1. 虚假店铺管理规范

新手卖家刚开店看到如图 2-13 所示的虚假店铺管理规范，以为自己没有激活店铺，常常不经考证便扫码激活，然而扫码后会进入一个聊天模式，骗子会诱导卖家缴纳费用。因而遇到这种虚假信息要仔细辨别，千万不要扫码。

图 2-13　虚假店铺管理规范

2. 旺旺收到诈骗消息

有不少骗子会通过千牛端发送如"店铺有违规操作，需要缴纳保证金才能解除""支付宝实名认证不完善，扫码充值回复正常后钱款原路退回""店铺信用等级不够无法完成交易，需缴纳保证金"等消息。这些信息都是假的，平台工作人员不会通过旺旺发送类似消息，涉及钱款的信息一律不要相信。

3. 冒充买家进行诈骗

有的骗子会假冒买家，咨询后假装下单，之后告知客服下单失败，将准备好的交易失败原因截图发送给卖家，引诱卖家联系假客服，随后以缴纳"保证金""捆绑金"或开通相关服务等为由进行诈骗。

4. 买家来电修改发货地址

买家拍下卖家的一件商品，没过多久卖家接到买家的电话，要求卖家修改发货地址。卖家按买家短信上的地址进行发货，结果买家表示没有收到货，申请退款。卖家后来发现买家与其联系要求修改地址的电话号码与买家淘宝账号上的联系电话不一致，才发现上当受骗。因此，客户通过电话联系修改收货地址时，应先核对该电话号码与客户订单上的电话号码是否一致。如果不一致，可通过旺旺与该客户进行联系确认，或拨打客户订单上的电话进行确认。

5. 传播钓鱼链接

买家在订单收货地址或者订单留言处留钓鱼链接，或是谎称"宝贝不能拍"或"无法付款"，然后附上链接。有不少商家点击钓鱼链接跳转到虚假平台客服，被诱导扫码交保证金。因此，不要用非平台提供的聊天工具与买家联系，每个网购平台都只以特定的聊天工具的记录为有效证据。对买家发送的链接也要保持警惕，特别是能直接在聊天框点击打开的链接，慎防钓鱼网站。

6. 利用邮箱邮件诈骗

买家拍下宝贝后，在淘宝的交易管理和支付宝里一直没有显示付款，但卖家的邮箱里却收到一封信，显示买家已经付款了，请卖家发货。买家就催家发货："不发货就投诉你。"过了一天，卖家的邮箱里又收到一封处罚通知的邮件，接着，一个自称淘宝客服的人通过旺旺加卖家，说是给卖家处理纠纷，并告诉卖家先给买家发货，很快就能收到款项了。

碰见这种情况，一定要以自己的支付宝和淘宝为依据，不要相信其他的邮件。因为是骗子故意发邮件给卖家的，卖家可以通过发件人的地址来确认是不是骗子，或者可以打电话咨询一下淘宝的客服。切记，聊天时一定要用淘宝专用的旺旺，不要用其他聊天工具。

> **练一练** 以小组为单位，谈谈自己知道的或者遇到的网络骗局。

二、恶意客户的应对方式

网购交易平台的服务中心注重对服务过程进行监控，提高服务品质，也负责与商家的交流并跟进监督处理一些怀有恶意的客户。

🎧 客服范例

一天，客服人员小张遇到一名恶意买家，该买家在交易成功后给出恶意差评并以此进行敲诈勒索，扬言只要小张转账200元就改评价。小张立刻向组长汇报了情况。经研究，组长指导小张将该客户设置为黑名单，并提取相关证据向服务中心进行举报。

（一）淘宝服务中心对恶意客户的处理

淘宝后台的会员关系管理可提供多种客户关系管理功能，商家不但可以对不同会员级别的会员开展营销活动，也可以对一些恶意客户进行拉黑处理，保护自身利益。

（1）用自己的卖家账号在计算机上登录店铺的卖家中心，如图2-14所示。

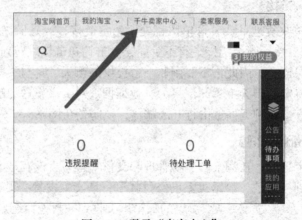

图2-14 登录"卖家中心"

（2）在页面的左侧导航栏找到"营销中心"；鼠标放在右侧的按钮，在弹出菜单中单击"客户运营平台"，如图2-15所示。

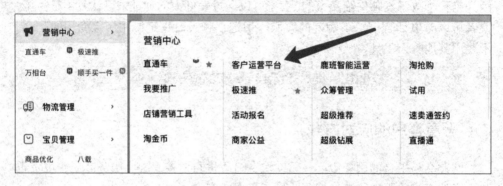

图2-15 单击"客户运营平台"

第二章 网络客服应用基础

（3）进入客户运营平台首页，单击左侧的"客户列表"，如图2-16所示。

图2-16 单击"客户列表"

（4）展开商家店铺的所有客户订单信息，找到需要禁止下单的买家昵称，如图2-17所示。

图2-17 找到禁止下单的买家昵称

（5）在会员级别处单击"添加分组"，既可以设置买家地址所属省份，也可以添加"禁止购买"，如果2-18所示。添加"禁止购买"后，在弹出菜单的底部可以看到"禁止购买"按钮，单击"禁止购买"，则该买家无法在该商家店铺购物，如图2-19所示。

 想一想　当买家拍下宝贝后恶意不付款，你有什么好的解决办法？

（二）京东客服对恶意客户的处理

咚咚商家版是京东客服工作平台，是服务于商家客服、帮助处理用户咨询的通信服务工具，可对商家举报的消息进行系统审核和人工审核。如果遇到恶意买家，京东客服可以将他们加入黑名单，具体步骤如下。

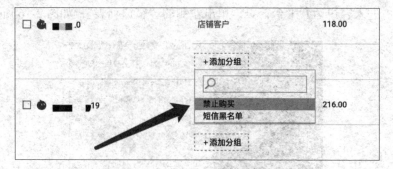

图 2-18　找到"禁止购买"

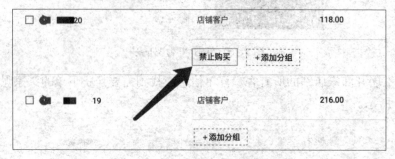

图 2-19　单击"禁止购买"

（1）举报入口：将鼠标移动至消息上→蓝气泡→举报，如图 2-20 所示。

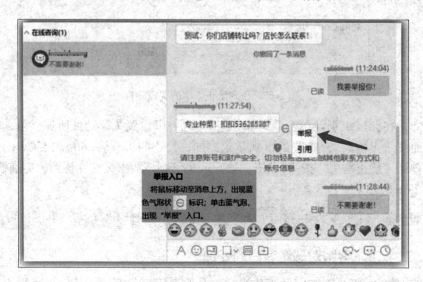

图 2-20　举报入口

（2）填写举报申请：选择举报类型，填写备注及联系方式，如图 2-21 所示。

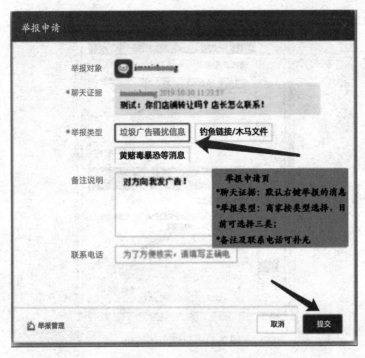

图 2-21　填写举报申请

（3）结果反馈：提交举报后，系统会进行实时审核，并反馈审核结果，如图 2-22 和图 2-23 所示。

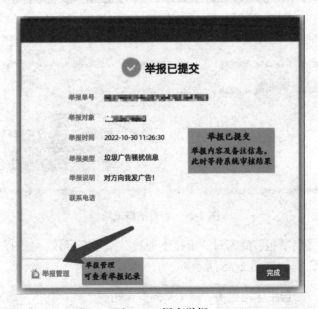

图 2-22　提交举报

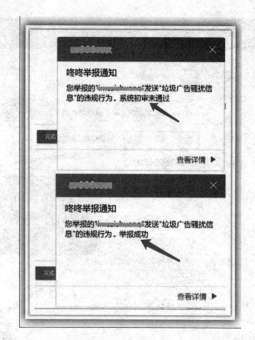

图 2-23　反馈审核结果

（4）查看举报记录：通过"举报管理"可查看举报记录，如图 2-24 所示。

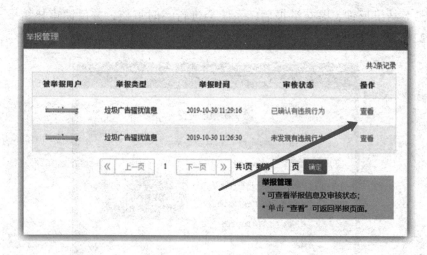

图 2-24　查看举报记录

（5）新增强制举报：商家对"审核不通过"结果有异议，可选择"强制举报"，进入人工审核流程，如图 2-25 所示。

> **练一练**　自主学习更多的网络交易安全知识。

第二章 网络客服应用基础

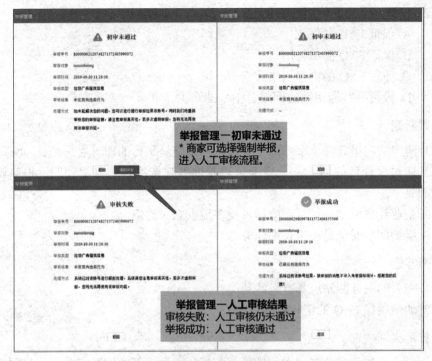

图 2-25 强制举报

实践练习

一、单选题

1. 下列网络客户服务工具中，即时性最强的是（　　）。
   A. 微博　　　　B. 电子邮件　　　C. 即时通信工具　D. FAQ
2. 在淘宝平台上常用的客户服务工具是（　　）。
   A. 千牛　　　　B. 咚咚　　　　　C. QQ　　　　　　D. 站内信
3. 对网站论坛的管理方式除了打印机式的管理外，还有（　　）管理。
   A. 经验式　　　B. 封堵式　　　　C. 编辑式　　　　D. 过滤式
4. 选择合理的 FAQ 格式时，常用的方法是按照（　　）分成不同的区域，这些区域基本上能使客户清楚何处可以查询到所需的答案。
   A. 产品　　　　B. 服务　　　　　C. 价值　　　　　D. 主题

二、多选题

1. 虚拟社区的主要形式有（　　）。
   A. 电子论坛　　B. 百度贴吧　　　C. 商家群　　　　D. 微信公众号

2. 设计一个容易使用的 FAQ 需要注意（　　）。
　　A. 保证 FAQ 的效用
　　B. 保证 FAQ 简单易用
　　C. 注意 FAQ 的内容和格式
　　D. 设置一些通用性的网络营销基础知识即可

三、判断题
　　1. 淘宝的阿里旺旺、京冬的咚咚都是网购交易平台的即时通信工具。（　　）
　　2. 通过设计良好的 FAQ，企业可以帮助客户解决很多日常问题，提高解决问题的效率。（　　）
　　3. 企业建立网站论坛时，应尽可能多地设立讨论组。（　　）
　　4. 维护网络安全是一项长期任务。（　　）

四、简答题
　　1. 完善的服务网站应具有哪些功能？
　　2. 如何确保 FAQ 的精确有效？

五、技能实训
　　淘宝论坛的政策公告栏中的诚信防骗板块包含最新的网络安全知识，同学们可自行登录查看学习。两人为一组，A 同学上网收集相关客服常遇到的网络骗局，B 同学上网收集整理相关网络交易安全知识，A 同学选取两个案例向 B 同学提问，B 同学以客服的角色寻找合适的解决办法。

第三章 网店日常管理

★ **知识目标**

1. 了解产品的相关知识。
2. 掌握商品信息加工整理的流程和要点。
3. 熟悉网店的各种促销方法。

★ **技能目标**

1. 能完成商品信息的加工整理。
2. 能完成商品详情的描述。
3. 能熟练完成商品发布工作。
4. 能使用网店常用的促销工具展开促销活动。

★ **素质目标**

1. 培养自主探究精神和信息处理能力。
2. 培养认真细致的工作态度。

本章知识结构图

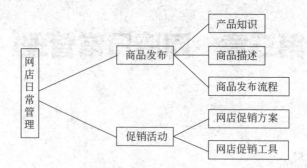

案例情景

情景一：一位美丽的姑娘想穿上漂亮的衣裳出门游玩。这时销售员拿过来一堆棉花，但是这位姑娘没有任何反应——这堆棉花只是一个属性（feature）。

情景二：姑娘天天幻想着穿上美丽的衣裳，销售员过来说："美丽的小姐，我这儿有一堆棉花，可以纺织出很多漂亮的布匹。"织成布匹就是这些棉花的优点（advantage），但是姑娘仍然没有反应。

情景三：姑娘非常爱美，想穿上漂亮的衣裳。销售员过来说："小姐请看，我这儿有一堆棉花，能织成很多布匹，你可以拿去请裁缝做漂亮的衣裳。"话刚说完，这位姑娘就飞快地奔向了这堆棉花，能做成漂亮的衣裳就是棉花能给姑娘带来的好处（benefit）。

情景四：美丽的姑娘如愿以偿地穿着上了漂亮的衣裳，需求也就变了——她不想再请裁缝做漂亮的衣裳了，而是想见她的男朋友了。销售员说："小姐姐，我这儿有一堆棉花，这些棉花能纺织出很多布匹，你可以做成漂亮的衣裳。"但是姑娘仍然没有反应。原因很简单，她的需求变了。

客服人员利用FAB法则，讲解商品的feature、advantage和benefit，有助于更好地介绍和推销商品。

理论研习

网店不是开通服务后就万事大吉，店铺需要运营推广才能吸引顾客，从而达到盈利的目的。网店日常管理是网店运营的一个重要环节，商品发布和促销活动是网络客服人员必须要面对的两项日常管理活动。

第一节 商品发布

网店的商品陈列是以网页的形式呈现的。顾客通过网页中的商品名称、商品图片和商品介绍来了解商品，因此，商品发布是网店日常管理中的重要工作内容之一。商品发布的流程是固定的，比较简单，但是要学好商品发布很难，因为这个工作涉及大量产品知识、商品描述等内容，这些都会直接影响到店铺的浏览量和成交率。

一、产品知识

在网络交易中，客服人员常常要向顾客推荐商品，介绍商品特性，并对顾客遇到的商品使用、保养、维护等各类问题进行一一解答。因此，客服人员必须熟练掌握产品知识。产品知识包括产品外观、基本属性（规格、成分、含量、配件等）、产品安装及使用方法、产品保养维护、可做关联销售的产品及其相关性、竞品对比等。

（一）产品外观

产品外观是指产品的大小、外在结构、颜色、图案、造型等方面的综合表现。产品外观是产品质量的有机组成部分，其设计与描述也是同行之间进行市场竞争的一种手段。客服人员需要观察实际产品，掌握其外观特点，并能通过语言进行描述，在顾客提及产品外观时可以准确地进行答复。客服人员如果用"不清楚""不了解"来搪塞顾客，必然会导致顾客流失。

（二）产品基本属性

产品基本属性包括但不限于产品的规格、成分、含量、配件等。客服人员需要掌握产品基本属性，尤其是服装、鞋帽、化妆品、食品等无法按照国家颁布的统一的行业标准和规格制造的非标类产品。顾客会针对尺寸、成分、含量等问题进行咨询，以确认产品是否适合自己使用。如果客服人员能很准确地说出来，顾客就会认为客服人员具有一定的专业性，值得信任。

🎧 **客服范例**

客户：你好，请问这款衣服的布料是什么材质的？

客服：您好，这件衣服的材质是棉加聚酯纤维的。
客户：棉的含量是多少？舒服吗？
客服：棉的含量是65%，聚酯纤维是35%，手感比较柔软，有延展性，内面有薄绒，穿着很舒服。

（三）产品的安装与使用

买家会在收到商品后因不会组装或者不会使用产品而咨询客服人员。这时，客服人员需要通过所掌握的产品知识迅速而准确地帮助买家解决问题，消除买家对商品的质疑。有些产品因使用不当会影响产品的使用效果，甚至会造成产品损坏，因而客服人员在销售产品时一定要对产品的操作步骤进行提前说明，以保证买家收到产品后能够正确使用。店铺中的产品使用说明如图3-1所示。

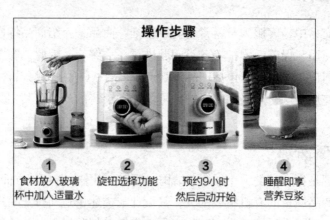

图3-1　产品的使用说明

（四）产品的保养维护

顾客在购买产品时，客服人员必须就产品的后期维护问题向顾客做出一定的阐释与说明，以确保顾客在日后对产品进行合理的保养维护，延长产品的使用寿命。网店的详情页面通常会有一些关于产品维护保养的提示内容，客服人员在交易过程中应提醒顾客仔细阅读该部分内容。

（五）关联销售的产品

客服人员还应掌握可以和产品搭配进行关联销售的相关产品知识。在销售过程中，客服人员可以迅速地想到关联的产品，尝试进行关联推荐，提高买家的客单价。在给顾客推荐时要给出充分的关联理由，使顾客更容易相信产品搭配的作用和效果，更容易接受客服人员的推荐。

（六）竞品对比

竞品是竞争市场上产品基本属性、产品价格等方面与自己店铺中产品类似的同类产品。顾客在挑选商品时常会在类似的产品之间犹豫，会向客服人员咨询竞品之间到底有什么区别，这时客服人员可以直接运用已经总结归纳好的竞品区别来回答顾客的问题。

客服人员需要提前掌握店内商品与其他店铺商品各个维度的对比，整理出竞品分析表，如表3-1所示。这样，在顾客咨询时，客服人员就能够扬长避短，合理地介绍本店商品。

表3-1 竞品分析表

对比商品	价格	外观	参数	质量	优劣总结
自有产品					
品牌A					
品牌B					
品牌C					

客服人员可根据以上产品的相关知识总结出产品资料表，如表3-2所示，把相关的内容都填写清楚，以便销售时使用，还可以在表格中添加一些产品图片，帮助自己在手边没有产品时，也可以知道产品的外观。

表3-2 产品资料表

产品主图	细节图1	细节图2	细节图3
产品基本属性	规格	成分	含量	配件
产品功能				
产品保养				
产品卖点				
关联产品				
竞品对比				

二、商品描述

在网店里，一些有关商品的信息需要用文字来说明，尤其是商品名称和图片尚未完整表达出来的内容，以便顾客对商品有更全面和客观的了解。

（一）商品标题

在淘宝网发布商品时，商品标题最多允许填写 30 个中文字符。标题主要由关键词组成，标题的关键词是淘宝自然搜索的主要目标，也是店铺免费流量的主要来源与载体。关键词代表着购物需求，是顾客对商品需求的表达形式。掌握关键词的应用，是卖家必不可少的一项基本技能。

1. 关键词的使用

（1）关键词的类别。设计关键词时考虑的范围应尽量宽泛，多从买家心理出发挖掘关键词，要掌握常见的关键词分类，如表 3-3 所示。

表3-3　常见的关键词分类

类　别	含　义	示　例
属性关键词	商品的名称或俗称，商品的类别、规格、功用等介绍商品基本情况的字或词	土豆、马铃薯、洋山芋等；波点、印花、纯棉、真皮等；减肥、可连电视等；MX5010、30码等；防辐射等
促销关键词	关于清仓、折扣、甩卖、赠礼等信息的字或词，这类关键词往往是最容易吸引和打动消费者的信息	特价、清仓、大降价、买就送等
品牌关键词	品牌企业或产品	苏泊尔、华为、七匹狼等
评价关键词	对浏览者产生一种心理暗示，更容易获得消费者的好感与信任	皇冠信誉、百分百好评、市场热销等

（2）关键词的组合。商品发布的时候，商品名称可以由两种以上的关键词来进行组合，如：

① 促销关键词 + 属性关键词；
② 品牌关键词 + 属性关键词；
③ 评价关键词 + 属性关键词。

也可以由三种以上的关键词进行组合，如：

① 促销关键词 + 品牌关键词 + 属性关键词；
② 品牌关键词 + 评价关键词 + 属性关键词；
③ 评价关键词 + 促销关键词 + 属性关键词。

据调查，淘宝网中热卖单品通常会综合使用这四类关键词，如果根据这四种关键词进行修改和重组，该商品的名称被搜索到的概率就会大很多。关键词组合可以多种多样，但是，任何时候都不能去掉属性关键词，否则就会本末倒置，效果适得其反。

（3）关键词的位置。一个完善的商品标题，关键词所处的位置也是被精心设计过的，商家会把最希望顾客看到的信息放在商品标题中最醒目的位置。如果商品标题侧重传达特价、促销信息，那么这些促销关键词就应该用醒目的符号或者空格来与其他文字分隔，而且位置放在标题首尾会更醒目，效果更好。

商品标题决定了浏览量，能否良好使用关键词与商品的曝光度和店铺的销售机会息息相关，善用关键词是提高浏览量的不二法门。

2. 商品标题撰写须知

在商品标题中可以简单明确地说明商品属性，并使用描述性的文字但不允许滥用品牌名称和与本商品无关的词语，不宜使用如"最低价""最好""最大"等最高级陈述，也不能在商品标题中出现任何联系方式。

> **练一练** 请你为一批男士运动袜写一个商品标题。

（二）商品信息加工整理

1. 商品介绍方法——FAB 法则

（1）商品的 FAB 分析。商品的信息丰富多样，客服人员可运用 FBA 法则精准地将商品信息加工，并介绍给顾客。FAB 法则中，F 是指特性（feature），即商品的固有属性；A 是指优点（advantage），即由商品特性所带来的商品优势；B 是指好处（benefit），即顾客通过使用该商品得到的好处，这些好处源自商品的特性和优点。

① 商品特性。商品特性其实就是商品事实状况，也就是商品生产出来后具备的属性，如商品的材质、产地、款式、颜色、规格等客户能用眼睛或触摸等方式感受到的外部信息。客服人员要了解商品的特性，才能回答客户的提问，如衣服是什么面料、食品使用了哪些基本的原材料等。

② 商品优点。商品优点代表了与同类商品相比较的优势，即自己与竞争对手有何不同，如全棉的面料更透气和吸汗、不含添加剂的食品更安全等。

③ 商品好处。商品好处即商品的优点带给顾客的利益。如果商品的优势不能有效地转化为客户的利益，客户就不会被轻易地打动，因为客户购买商品是为了满足自己的需求，而直接看出客户真实的需求是一个有经验的客户服务人员的专业素质和能力。

> **练一练**
> **商品介绍编制**
> 1.将全班同学分成小组，每组挑选一个商品。
> 2.小组讨论商品特性、优点和好处，并用图文展示。
> 3.各组展示之后，全班同学进行评论，并评选最吸引人的商品介绍。

（2）FAB法则的运用。客服人员掌握FAB法则，有助于更好地描述和推销商品。F、A、B三个环节是环环相扣的，商品首先具备F的属性，从而具有A的优点，这样也就可以带给客户B的好处。在介绍商品的时候，一般要按F、A、B的顺序来介绍。实践证明，按这样的顺序介绍，使顾客更容易接受商品。表3-4所示为一批女士衬衫的FAB分析。

表3-4 一批女士衬衫的FBA分析

商品	F（特性）	A（作用）	B（好处）
衬衫	全棉的面料	透气性、吸水性好，不伤皮肤	舒适、自然感觉
	小碎花的图案、简约的设计	营造清新、田园的风格	唯美、浪漫的感觉
	细致的做工	品质保证	放心舒心的安全感

2. 商品卖点设计——USP理论

（1）商品卖点的USP理论。客服人员可运用USP理论（unique selling proposition），即"独特的销售主张"，具体表现为向顾客陈述产品的卖点，而这个卖点是独特的，能够给本店带来销量。USP理论主要包括以下四个方面。

① 强调产品具体的特殊功效和利益——每一个产品都必须对消费者有一个销售的主张。

② 产品的这种特殊性是竞争对手无法提出的——这一项主张，必须是竞争对手无法也不能提出的，须具有独特性。

③ 有强劲的销售力——这一项主张必须很强，其价格、渠道、促销应能影响众多的消费者。

④ 揭示一个品牌的精髓，并通过强有力的、有说服力的数据证实它的独特性。

（2）USP理论的运用。客服人员依据USP理论提炼商品独特而强有力的特点时，要抓住商品最吸引人的地方，吸引顾客购买。例如，上述女士衬衫的独特之处在于其印花图案及设计造型营造出来的甜美、清新、田园的风格，这就是该商品最吸引人的信息，则其USP卖点提炼如图3-2所示。

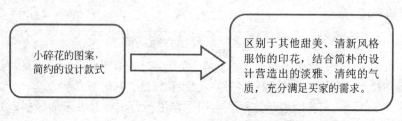

图3-2 USP卖点提炼

在提炼卖点时，一件商品的卖点不要太多，也不能太单薄，一般抓住3个特点表述商品显得更稳定，如表3-5所示。

表3-5　商品卖点提炼表

序号	产品设计	展现方式	卖点提炼
1	印花图案及设计造型所营造出来的甜美、清新、田园的风格	模特效果图 搭配推荐图 设计师灵感文字表述	突出甜美、青春、淡雅、舒适的感觉
2	全棉的布料	全棉材质优点的文字表述 材质细节图及原料图	更进一步表达出商品所带来的自然、唯美、浪漫
3	细致的做工	不同部分细节图（领口、纽扣、针脚等）	通过品质保障最终打动买家的心

买家在购买商品时，关注的焦点主要有商品规格、商品特性、使用方法、售后服务等。卖家在加工商品信息、提炼商品卖点时，要注意卖点可以是商品自身属性，也可以是商品的附加值，但是卖点一定要建立在契合买家需求的基础上，即该商品能够带给顾客利益。

（三）商品描述的内容

网店里的商品描述需要详细的商品介绍和相关说明，通常一件商品的描述由以下几个内容组成。

1. 型号规格

型号规格一般包括商品的品牌、型号、材质、规格、功能、功效、包装、价格等商品基本信息以及生产加工工艺、产品优势等有利于销售的商品信息，应该放在商品描述的最前面。除了文字说明外，还可以用图文结合的方式来展示商品，不仅清爽醒目，而且更加美观、专业，容易加深顾客的印象。如图3-3所示。

2. 交易说明

交易说明可以用"买家必读""购物须知"等方式来体现，如图3-4所示。在交易过程中一旦出现类似状况，双方便

图3-3　商品的规格型号介绍

有可以参考的依据，这也是独立于平台规则以外的一种双边协议。顾客一旦拍下商品，便代表对该条款的认可。此外，把合作条件写进交易说明也是一种有效规避纠纷的方式。

图 3-4　交易说明

3. 配送说明

由于顾客可能不清楚发往各地的运费标准和到货周期，而配送说明会对邮寄的费用和物流配送周期进行说明，可以提醒顾客配送的相关信息。提供配送说明既是商家的职责，也是优质服务的一种体现。有些网店的商品配送说明也会放在交易说明中。

4. 服务保障

服务保障包括质量承诺、售后维修、会员优惠等信息，这些信息既能给顾客安全感，也是一种返利的方式，能够增加店铺的黏性。图 3-5 所示的购物保障包含"赠运费险""15 天无理由退货"，给了顾客很大的安全感，促使他

图 3-5　购物保障

们下决心购买和尝试;"6年整机换新"这种返利方式可以增加店铺的黏性,培养客户的忠诚度。

5. 其他相关信息

其他相关信息的内容非常丰富,一切有利于销售的、有利于体现商家专业性的内容都可以放在这部分。其他相关信息可以将商品的细节展示得更加详细,提供自助购物指导、常见问答、保养知识、使用方法、联系方式等更为专业和周到的服务,通过展示以往顾客的评价来消除买家的担心和疑虑,是一种很好的促销手段。

以上介绍了商品描述中可呈现的内容。商家一定要利用空间,把商品描述得更加丰富、更加专业,充分展现商品的优势,继而激发顾客的购买欲。

有些网购平台针对每一类商品都有相应的模板,模板里面会涉及与商品相关的大量细节信息。只要根据模板要求逐个完成,就可以展示出丰富而清晰的商品的基本情况。在发布商品前,一定要熟悉相应的模板及商品的各种情况。

(四)商品描述须知

1. 尽可能详细

商品描述要有详细的商品信息,尤其是图片不能反映的优势和特色信息,包括材料、产品、售后服务、生产厂家、商品的性能等,需要用文字一一描述。

2. 体现全面性

商品描述还应全面概括商品的相关内容和相关属性,包括使用方法的介绍和注意事项,为买家考虑。

3. 体现直观性

使用"文字+图像+表格"三种形式的结合,让买家看起来会更加直观和便利,增加购买的可能性。

4. 不要盗图

主图是正方形,产品应占图片的2/3,主图上只展示最重要的亮点信息,字体统一,在10个字以内,要求简短、清晰、有力。

5. 适当数量的图片

描述商品时,通常放置3张细节图。在尽量展现产品卖点的同时,也可以加入卖点解说、促销文案等信息。

6. 提供关联信息

也可以添加相关推荐商品,如本店热销商品、特价商品等,让买家更多地接触店铺的商品,加大商品的宣传力度。

三、商品发布流程

当商品的文字资料与图片资料备齐之后,就可以发布商品了。下面以淘宝网为例说明商品发布流程。

(1)打开千牛工作台的"卖家中心",如图3-6所示。

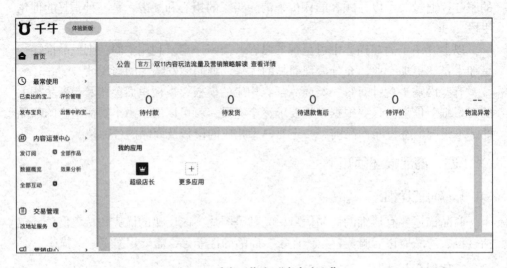

图3-6 千牛工作台"卖家中心"

(2)单击左侧的"店铺管理",选择"图片空间",如图3-7所示。

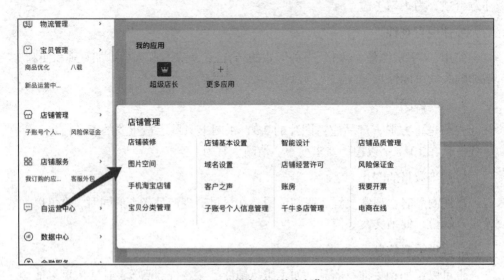

图3-7 单击"图片空间"

（3）在图片空间的右侧有一个上传图标，点击上传商品图，如图 3-8 所示，主图尺寸是 800×800 像素，详情页的宽度是 750 像素（天猫详情页的宽度是 790 像素），高度无限制。

图 3-8　上传商品图

（4）上传商品图片后，回到"卖家中心"，单击"发布宝贝"，如图 3-9 所示。

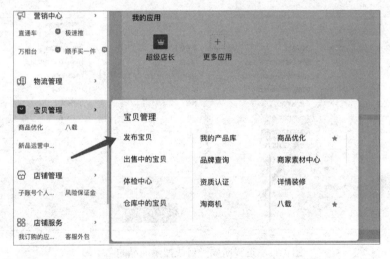

图 3-9　单击"发布宝贝"

（5）在"一口价"和"拍卖"中选择一种出售方式发布商品，如图 3-10 所示。其中，"一口价"是定价销售方式，"拍卖"是一元起拍的竞买方式，价高者得，所有以拍卖形式发布的商品，邮费必须由卖家承担，因此要慎重选择。

（6）一级一级地选择待售商品的所属类目，把商品精准放到相应的属性类目中；也可以在类目搜索栏中直接搜索商品的名字，例如在搜索框中输入连衣裙，系统会自动弹出要放的类目，选择一个即可，如图 3-11 所示。

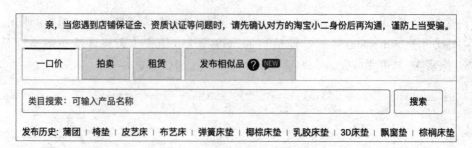

图 3-10 选择"一口价"或"拍卖"的出售方式发布商品

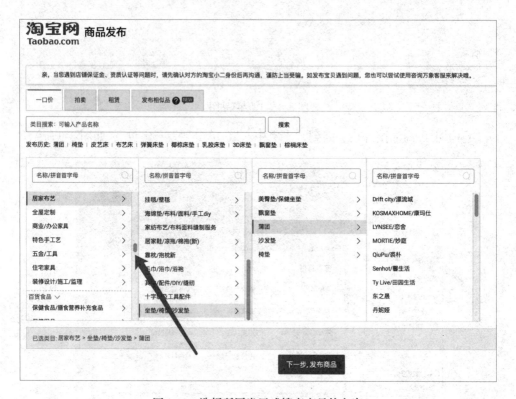

图 3-11 选择所属类目或搜索商品的名字

（7）正确选择和填写商品信息，以便顾客更快地找到该商品，如图 3-12 所示。

（8）单击"发布"按钮，完成该商品的发布流程。

其他网购交易平台的商品发布流程与淘宝网发布类似。无论哪个交易平台，商品发布都要将商品信息、店铺信息完美地展现给顾客，商品的信息要包括商品基本信息、主图、商品描述、物流模板及售后保障，这些内容是商品页面中重要的组成部分。

图 3-12　填写商品信息

第二节　促 销 活 动

网店的促销也是客服人员必须面对的日常管理活动。促销就是将产品成功销售出去所采取的一切可行手段。各类网店都需要通过促销手段提升店铺的成交额。

一、网店促销方案

（一）促销的种类

促销可以分为多种方式：根据促销方式不同分为折扣促销、抽奖促销、会员制促销、赠品促销等；按照促销时机可分为开业促销、新产品上市促销、季节性促销、节庆促销、庆典促销等。网店客服人员可根据不同促销目的采取不同的促销方式，各类促销方式也常混合使用。

（二）促销的过程

1. 促销商品的准备

不同的商品采取不同的促销方式，不同的季节促销不同的商品，应根据实际情况确定促销商品和促销方式。促销期间，商品销售会比平时更快，需要保障充足的货源，如果经常发生缺货现象，不仅影响销售，也会影响买家对店铺的评价。

2. 目标人群的确定

促销对象是店铺的目标消费群体，促销一定要针对目标人群开展促销信息的传播，这样促销才会有成效。

3. 传播方法的确定

目标对象确定了，再选择合适的传播方法，如线上的旺旺消息、签名档、商品标题、公告等，线下的手机短信、快讯商品广告（direct mail，DM）等，都是传播促销信息的有效途径。

4. 促销方法的选用

（1）会员、积分促销。会员不仅可享受购物优惠，还可以累计积分，用积分免费兑换商品。采用这种促销方式，可吸引客户再次来店购买以及介绍新客户来店购买，不仅可以使客户得到更多的实惠，巩固老客户，增强客户对店铺的忠诚度，还可以拓展新客户。

（2）折扣促销。折价又称打折、折扣，是目前最常用的一种阶段性促销方式。折扣促销直接让利于消费者，可让客户非常直接地感受到实惠。折扣促销主要有以下几种。

①限期折：节假日、店铺周年庆，如临近七夕，可以趁机促销鲜花、礼品。

②名次折：设置达到某个要求的名额优惠，如前10名顾客可享八折优惠，或第100位顾客可享五折优惠。

③会员折：开发新顾客比维护老顾客更难，要维护老顾客，会员优惠不可少。

折扣促销后虽然单件利润下降，但销量会增加，总的销售收入不会减少，同时还增加了店内的人气，拥有了更多的新客户，对以后的销售也会起到带动作用。

（3）商品绑定。商品绑定的方式主要分为以下几种。

①买A送B。如买一盒牙膏，送一支牙刷，或买两盒牙膏，出一盒的钱。

②买A，再买B，B半价。如买一件裙子，再买一个包，包就半价出售。

③买A个，送B个。如买2000个喜糖盒，送50个。

④买A，加m元送B。如买个150元的摄像头，加38元送一个80元的U盘。

设计良好的捆绑商品可以为买家带来便利和价值，也会对产品销售起到积极的促进作用，而不得当的绑定只会令顾客抗拒，反而会增加销售成本、减少利润。

（4）红包促销。红包是淘宝网上专用的一种促销工具，各位卖家可以根据各自店铺的不同情况灵活制定红包的赠送规则和使用规则。这种促销方式可增强店内的人气，由于红包有使用时限，因此可促进客户在短期内再次购买，有效形成客户的忠诚度。

（5）拍卖。拍卖是网络店铺吸引人气最为有效的方法之一。由于"一元拍"和"荷兰拍"在淘宝首页有专门的展示区，因此进入该区的商品可获得更多的被展示机会。淘宝买家也会因为拍卖的商品而进入卖家店内浏览更多其他商品，极大提升商品成交机会。

不把底价和加价幅度定得很高的诚信卖家，基本亏得较多，但是在一定情况下可增加店铺的信誉。

 了解什么是"荷兰拍"。

（三）积极参与网购平台主办的各种促销活动

各个网购平台都会不定期地在不同版块组织不同的活动，参与活动的卖家会得到更多的推荐机会，这也是提升店铺人气和促进销售的一个好方法。要想让更多的顾客关注到自己的店铺，一定要抓住这个机会，因此客服人员要经常到平台的首页、支付页面、公告栏等处关注平台举行的活动，积极参与。

（四）有效利用店铺页面

促销要"有声有色"，店铺装修时，除了网店页面的色调要与商品的色调相协调，还要给人一种喜庆的气息。店铺公告栏和留言板要有促销信息，营造一种人气很旺的氛围。

（五）促销效果评估与促销方案的修正

任何一项促销活动都不可能确定是切实可行的，在促销活动执行到一定时间后，客服人员需要对活动效果进行评估。仔细分析浏览量和销售量。这些数据都需要纵向与横向双方面比较：纵向比较是将当前浏览量、成交量与历史浏览量、成交量进行对比；横向比较是用同行业竞争对手浏览量、成交量与自己的店铺相比较。这样比较出来的结果才是真实的促销效果。

如果促销评估的效果与预期目标存在偏离，就需要查找原因，分析是哪个环节出了问题，并根据出现的问题对促销策略进行修正与完善。

某网店新进一批男士休闲服装，请你结合国庆小长假制定一个节日促销活动。

二、网店促销工具

网店促销工具可由卖家根据自己的实际情况,自由调整促销主题、促销时间、促销产品的价格和数量。以淘宝网为例,其促销工具主要有以下六种。

(一)店铺宝

店铺宝是天猫"店铺优惠"与集市"满就减(送)"全面升级的工具,是常用的促销工具之一。它可对全店商品及自选商品开展促销活动,提供多层级的优惠级别、优惠内容,可随时暂停与重启活动。这种促销工具包括满件打折、满元减现、包邮、送赠品、送权益、送优惠券等,设置后优惠信息会在宝贝详情页展示。商家使用时,只需勾选优惠,填写优惠内容即可,如图3-13所示。

图3-13 店铺宝的优惠内容

使用店铺宝应注意以下内容。
(1)买家拍下后付款时系统已经减过价格,客服不需要改价格。
(2)满就送赠品,此赠品系统不会自动添加到买家的订单中,需要客服自己备注或者通过E店宝来设置。
(3)优惠券只能下次使用,交易成功后系统会自动发放给买家对应的优惠券。优惠券下次使用没有金额限制。

(二)限时折扣

限时折扣就是人们常说的"秒杀",在店铺推广、商品促销中效果明显。卖家可选择特定商品在限定的时间内以低于原价的价格销售,吸引更多顾客购买。

使用限时折扣应注意以下内容。
(1)限时折扣每月只有480分钟,日均16小时左右。

（2）限时折扣最多只能添加20个产品。

（三）搭配套餐

搭配套餐是将两个或者两个以上的商品以组合形式销售。这种促销方式的特点是可以增加关联销售，很大程度上提高了卖家促销的自主性，同时也为买家提供了更多的便利和选择权。搭配套餐可以在每个单品的主图下面显示。

使用搭配套餐应注意以下内容。

（1）一个套餐最多可以添加5个产品。

（2）一个产品最多可设置5个搭配套餐。

（四）店铺优惠券

店铺优惠券是一种虚拟的电子券，卖家无须充值现金就能针对买家发放店铺优惠券，达到促销的功能。店铺优惠券有3元、5元、10元、20元、50元、100元6种不同面额。卖家可自行设置发放的对象、面额、数量及有效期。店铺优惠券是通过设置优惠金额和使用门槛，刺激、转化、提高客单价的店铺促销工具。

使用店铺优惠券应注意以下内容。

（1）优惠券可以提前结束，但是已被领取的仍然有效。

（2）使用条件应设置合理，否则会有亏本的风险。

客服小知识

店铺优惠券通常会设置以下使用条件。

（1）店铺单品优惠券和店铺优惠券不可叠加使用，生效的优惠券为力度最大的那张。

（2）店铺优惠券和宝贝满减不可叠加使用、店铺满减和满件折不可叠加使用。

（3）只要单品级优惠价或者单品级优惠价总和满足店铺级和跨店级层级的门槛，三种优惠可以叠加使用。

（五）卖家促销

卖家促销是淘宝自有软件之外的一种促销工具，需要额外订购。进入淘宝"卖家中心"后，在"我要订购—我的服务软件—活动宝"中选择即可。购得该促销工具后，店铺中的促销商品即可显示出来。

使用卖家促销应注意以下内容。

（1）可以设置多个活动，活动数量不受限制，活动产品不受限制。

（2）同一个商品在同一个时间只能参加一个活动。

（3）活动一旦开始只能延长活动时间，其他的设置不可更改。

（4）活动中可将商品加入购物车，但单价显示原价。

（5）不可设置每个ID限拍的商品件数。

（六）VIP

VIP是针对老客户的促销工具，包括店铺VIP和淘宝VIP。店铺VIP是针对卖家店铺的会员的一种促销工具，淘宝VIP是针对淘宝会员的一种促销工具。

淘宝VIP卡是淘宝根据买家的购买力自动发放的，商品是否可享受折扣是卖家设置的，具体打多少折也是由卖家来设置，但是需要申请加入消费者保障计划的卖家才可以设置，设置了VIP卡的商品会显示两个价格，一个是原价，但是被划掉了，一个是折后价，淘宝会根据顾客拥有的VIP卡级别显示相应的金额。

店铺VIP是由该店铺店主设置一定条件后发放的。买家可以在"我的淘宝—我的优惠券—店铺会员卡专区"看到。同时，在买家查看该店铺的时候也有提示。这种优惠卡的折扣是卖家随意设置的，相同等级的会员享受的折扣是一样的。当会员买家把光标放到店铺VIP的位置或者购买的商品时页面才会自动变化价格。

使用VIP进行促销应注意以下内容。

（1）买家想享受某商品的店铺VIP优惠价格，必须是该店铺的会员，且此商品参加了店铺VIP活动。

（2）一个产品不能同时参加淘宝VIP和店铺VIP这两种促销工具，只能二选一。

实践练习

一、单选题

1. 商品标题决定了浏览量，能否良好使用（　　）与商品的曝光度和店铺的销售机会息息相关。

  A. 商品名称　　B. 商品标题　　C. 图案　　D. 关键词

2. （　　）直接让利于消费者，可让客户非常直接地感受到实惠。

  A. 会员、积分促销　　　　　　B. 折扣促销

  C. 红包　　　　　　　　　　　D. 拍卖

二、多选题

1. 网店的商品陈列以网页的形式来展示，顾客通过网页中的（　　）来了解商品。

  A. 商品名称　　B. 商品标题　　C. 商品图片　　D. 商品介绍

2. 描述商品时，使用（　　）+（　　）+（　　）三种形式的结合，可以让买家浏览起来更加直观，增加购买的可能性。

A. 文字　　　　　B. 图像　　　　　C. 文案　　　　　D. 表格

3. 折扣促销主要有（　　）。

A. 新手折　　　　B. 限期折　　　　C. 名次折　　　　D. 会员折

三、判断题

1. 淘宝商品发布时的商品标题最多允许有 30 个中文字符。　　　　　（　　）

2. 促销关键词就应该用醒目的符号或者空格来与其他文字分隔，而且位置放在中间的关键词会更醒目，效果更好。　　　　　　　　　　　　　　（　　）

3. 商品描述时，主图是正方形，产品应占图片的 2/3，主图上只展示最重要的亮点信息，尽量简单，字体统一，在 20 个字以内，简短、清晰、有力。（　　）

4. 客服人员依据 USP 理论提炼商品独特而强有力的特点时，要抓住商品最吸引人的地方，吸引顾客购买。　　　　　　　　　　　　　　　　（　　）

5. 网店客服人员可根据不同促销目的采取不同的促销方式，常会混合使用。
（　　）

6. 店铺优惠券是一种虚拟的电子券，卖家应先充值现金，才能针对买家发放店铺优惠券，达到促销的功能。　　　　　　　　　　　　　　　　（　　）

四、简答题

1. 商品介绍方法的 FAB 法则包括哪些内容？
2. 请列举商品的促销方法。

五、技能实训

（1）请用 FBA 法则从不同角度向顾客推荐品牌的手机。

序号	F（特性）	A（优点）	B（好处）
1			
2			
3			
4			
5			

（2）制作"促销活动执行手册模板"。

"促销活动执行手册模板"是网络客服了解促销活动的辅助工具之一，内容包括活动名称、活动形式、活动主题、活动细则、活动内容、活动标准快捷回复、注意事项等，能帮助客服快速了解促销活动内容。

某网上超市在"双十一"促销活动中推出限量秒杀的某品牌 100g 精华乳液和保湿喷雾，带动其他商品销售，规定从 11 月 11 日分时段开始秒杀销售，时间过后立刻恢复原价。请据此完成一份"促销活动执行手册模板"。

第四章　网络客户管理

 学习目标

★ 知识目标

1. 熟悉网络买家购物心理。
2. 正确分析网络客户类型。
3. 熟悉网店客户的管理。

★ 技能目标

1. 能编制客户档案。
2. 能设计客户关怀短信。

★ 素质目标

1. 养成真诚、礼貌待客的职业精神。
2. 养成热情沟通、耐心倾听的良好工作习惯。
3. 培养客户服务和客户分析意识。

第四章　网络客户管理

本章知识结构图

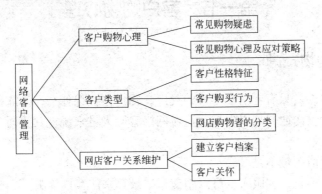

案例情景

三只松鼠是一个以互联网为依托，利用天猫、京东、当当等B2C平台销售经营坚果、干货、茶叶等森林食品的公司。三只松鼠登陆天猫旗舰店仅65天，销售额就已经在天猫坚果类目中跃居第一位。

三只松鼠的信仰是要实现为全人类寻找最优质、最新鲜、最健康的森林食品。它亲切地称呼每位消费者为主人，足以看出其对每一位顾客的重视。这样的消费体验会让顾客觉得自己受到了重视，体现了真正以顾客为中心的销售理念。产品的内外包装、企业客服以及售后服务处处都体现着三只松鼠以顾客为核心的主张。

三只松鼠一对一的服务是其企业核心理念的最直接体现。一对一的基础是对用户的了解，三只松鼠筛选目标用户的方式主要依赖于软件识别：顾客购买的客单价、二次购买频率、购买的产品是什么、购买的产品中打折产品的比例、第几次购买等。识别出这些客户信息，顾客每次购买三只松鼠产品所收到的包裹都会发生变化，增加了顾客的好感度和回头率。

理论研习

在电子商务高速发展的今天，要想在网上成功地销售自己的产品，就一定要把握客户的购物心理，并适当地对顾客进行分类，整理客户资料，维护与客户的关系，加强与客户的互动，从而更好地推销商品。

第一节　客户购物心理

一、常见购物疑虑

网络客服人员只有弄清楚客户的疑虑，知道他在想什么，才能根据情况有针对性地进行有效沟通并加以引导，这对网络客服人员来说极其重要。常见购物疑虑包括以下五种。

（1）卖家信用是不是可靠？

针对这一担心，客服人员可以用交易记录等来使客户信服。

（2）价格低是不是产品有问题？

针对这一担心，客服人员要向客户说明价格的由来，说明价格为什么低，价格低并非质量有问题。

（3）同类商品那么多，到底该选哪一个？

客服人员可尽量以地域优势（如快递便宜）、服务优势说服客户。

（4）采取何种付款方式、交易是否安全？

客服人员可以用支付宝交易的安全性说明打消客户的顾虑。

（5）货收不到怎么办？收货不符怎么办？货物损坏怎么办？退货邮费怎么办？客户迟迟不付款，犹豫。

客服人员可以说明售后服务、消费者保障服务等措施，给予客户信心。

 想一想　你还有什么办法可以消除买家心里的不安？

二、常见购物心理及应对策略

客户心理具有明显的个性特征，不同的客户有不同的心理需求，只有掌握了目标客户的购物心理，才能提高产品的销售量。

（一）便利心理

网络给消费者们提供了一个24小时营业、全年无休的超级市场，人们不再被时间、距离等限制因素影响而放弃消费。网购客户之所以喜欢网购，是因为随着生活节奏的加快而无暇到实体商店去购物。网购可以满足他们追求方便快捷的心理需求。

应对策略：在详情页上强调"发货及时""立即拥有"。

（二）求廉心理

有些顾客以追求物美价廉为主要目的，他们非常关注产品的价格，打折促销商品是他们的最爱，甚至会以不降价就不购买的理由来威胁客服。目前，网上商品因为无须门店费用且包装简易，商品价格比实体店铺的略低。网店经常给顾客一种"便宜"的心理暗示，也强化了网购客户的求廉心理。

应对策略：以"优惠"或"打折"吸引客户，降低商品价格，体现网店价格低于实体店，形成销售优势。

（三）从众心理

线上交易的从众心理表现在商品的评价或购买的人越多，新的购买者也越多。淘宝、天猫、京东等购物平台都会把产品的月销量、购买评价等数据完整地体现在详情页上，让消费者一目了然。潜在消费者会根据这些信息暗示自己"销量好的一定质量优，评价多的一定服务好"等，再在详情页中阅读自己愿意相信的信息，最后做出购买决定。

应对策略：可根据这种心理进行文字的描述，表现购买人数众多、销售良好、口碑良好，再凭借价格优势，聚拢人气精心打造爆款。

（四）求新猎奇心理

具有求新猎奇心理的客户特别钟情于时髦和新奇的商品。他们选择商品时不仅仅是为了产品的使用价值，更多的是为了产品的创新和与众不同。在这种心理的作用下，客户表现出对新产品的独特的爱好。新奇好玩的产品比较适合有这种心理需求的人群。

应对策略：突出"时髦""奇特"等字眼，并在图片处理时尽量选择鲜艳的色彩。

（五）安全心理

具有安全心理需求的客户关注产品的安全性能，主要考虑产品是否会带来危险。这多出现在购买母婴产品或电器产品的顾客群体中。

应对策略：给予充分的解说，并且用上"安全""环保"等字眼，效果往往比较好。

（六）偏好心理

偏好心理的产生往往与某种专业、知识、生活情趣有关。每个人都有自己的消费偏好，例如有些人只喜欢穿高跟鞋，有些人只喜欢穿平底鞋。

应对策略：了解客户的喜好，在产品文字描述中强调商品对应的特性，如品质优良、值得收藏等，并适当地赞美他们"识货""有远见"。

（七）疑虑心理

在客服工作中，可能会出现以下场景。

客户：你好，在吗？

客服：您好，欢迎光临，请问有什么可以帮到您的吗？

客户：这款大衣到底是不是全羊毛的啊？

客服：是的。

客户：这件大衣的评论基本还可以，不过有一条评论，有人确定大衣不是全羊毛的。

客服：这个请放心，绝对是全羊毛，正品保证。

客户：有鉴定证书吗？

客服：……

这类客户害怕上当受骗，购物过程中常充满疑虑，会反复向客服询问商品的质量、性能、功效等，直到心中的疑虑解除后，才肯掏钱购买。

应对策略：跟客户强调产品的质量经得起考验，如果出现质量问题可以退货。

 想一想　　思考自己上网购物时具有哪种心理？

第二节　客　户　类　型

一、客户性格特征

了解客户的特点和类型对能否促成商品成交发挥着巨大作用。

（一）友善型客户

友善型客户性格随和，对自己以外的人和事没有过高的要求，具备理解、宽容、真诚、信任等美德，通常是企业的忠诚客户。对待这类客户应提供最好的服务，不因对方的宽容和理解而放松对自己的要求。

（二）独断型客户

独断型客户异常自信，有很强的决断力，感情强烈，不善于理解别人；对自己的任何付出一定要求回报；不能容忍被欺骗、怀疑、慢待和不被尊重等行为；对自己的想法和要求一定需要被认可，不容易接受意见和建议；通常是投诉较多的客户。对待这类客户应小心,尽可能满足其要求,使其有被尊重的感觉。

(三)分析型客户

分析型客户情感细腻,容易被伤害,有很强的逻辑思维能力;懂道理,也讲道理;对公正的处理和合理的解释可以接受,但不愿意接受任何不公正的待遇;善于运用法律手段保护自己,但从不轻易威胁对方。对待这类客户应真诚,做出合理解释,争取对方的理解。

(四)自我型客户

自我型客户以自我为中心,缺乏同情心,不习惯站在他人的立场上考虑问题;绝对不能容忍自己的利益受到任何伤害;有较强的报复心理;性格敏感多疑。对待这类客户应学会控制自己的情绪,以礼相待,对自己的过失真诚道歉。

二、客户购买行为

(一)交际型客户

交际型客户很喜欢聊天,先和客服人员聊了很久,聊得愉快就到店里购买东西,成交之后还有可能成为朋友。对这种类型的客户,要热情如火,把工作的重点放在这类客户上。

(二)购买型客户

购买型客户会直接下单并很快付款,收到东西后也不和客服人员联系,直接给予好评,对客服人员的热情很冷淡。对这种类型的客户,客服人员不要浪费太多的精力,如果执着地和他保持联系,他可能会认为是一种骚扰。

(三)礼貌型客户

礼貌型客户一般是因为一件拍卖的东西和客服人员产生了联系,如果客服人员十分热情,在聊天过程中运用恰当的技巧,他会直接到店里再购买一些东西。售后做好了,他或许因为不好意思而再次到店里来消费。对这种类型的客户,客服人员要尽量热情友善。

(四)讲价型客户

讲价型客户总是热衷于讲价,面对优惠永不知足。对这种类型的客户,客服人员要态度坚决,坚持始终如一,在保持礼貌的同时不随意变更价格。

（五）拍下不买型客户

拍下不买型客户只下单、不付款，这有可能造成商品被订购却无法交易。对这种类型的客户，客服人员可以投诉、警告，也可以置之不理，根据店铺实际情况决定。

三、网店购物者的分类

（一）初次上网购物者

初次上网购物者在试着领会电子商务的概念，他们可能会从在网上购买小宗、安全的商品开始。这类购物者要求界面简单、交易过程容易。产品照片对说服这类购买者完成交易有很大帮助。

（二）疑虑型购物者

疑虑型购物者对安全和隐私问题感到紧张。因为有恐惧感，他们只想通过网站做购物研究，而非购买。对这类购物者，客服人员只有明确说明安全和隐私保护政策，才能够使其消除疑虑，轻松面对网上购物。

（三）求廉型购物者

求廉型购物者广泛使用比较购物工具，他们不在乎品牌忠诚，只要最低的价格。网站上提供的廉价商品，对这类购物者最具吸引力。

（四）理性型购物者

理性型购物者在上网前已经很清楚自己需要什么，并且只购买他们想要的东西。他们的特点是拥有自己做购买决定的标准，然后寻找符合这些标准的信息，当他们找到了合适的产品就会购买。对这类客户，应该快速向其分享其他购物者的体验，对有丰富购物经验的客户应该尽可能地提供实时客户服务。

（五）狂热型购物者

狂热型购物者把购物当作一种消遣，他们购物频率高，也更富冒险精神。对这类购物者，迎合其好玩的性格十分重要。为了增强娱乐性，网站应为他们多提供观看产品的工具、个人化的产品建议以及电子公告板和客户意见反馈页等社区服务。

（六）动力型购物者

动力型购物者因需求而购物，而不是把购物当作消遣。他们有自己的一套高超的购物策略来找到所需要的东西，他们不愿意把时间浪费在东走西逛上。优秀的导航工具和丰富的产品信息能够吸引此类购物者。

第三节　网店客户关系维护

一、建立客户档案

每次交易完成之后，客服人员一定要做好记录，把买家的联系方式、发货地址、收款发货的日期、发货的包裹号、自己当时的承诺等，都一一记录下来，这样既方便买家询问时的查询，也便于老顾客下次购物时直接按照地址发货。卖家还可以把买家的职业、年龄、性别等记录下来，据此综合分析顾客情况，总结出有针对性的各种营销策略。

（一）建立 Excel 客户档案

建立 Excel 客户档案的优点是操作灵活方便，不需要联网也可以随时使用，只要有基本的电子表格操作基础，就可以很好地进行批量录入和编辑。制作 Excel 表格时可以采用如图 4-1 所示的样式。

	A	B	C	D	E	F	G	H	I	J
1	客户档案									
2	交易时间	用户网名	真实姓名	联系电话	邮箱	收货地址	成交金额	会员级别	赠品	备注
3	21.10.1	闪电侠	胡一	13500000000	12345678@qq.com	福建省南平市*****	¥189.00	绿钻	购物券	合并订单
4	21.10.1	贝贝	李二	13700000000	87654321@qq.com	湖南省怀化市*****	¥78.00	黄钻	购物券	
5										
6										
7										

图 4-1　客户档案

练一练

建立 Excel 客户管理表格

（1）建立一个 Excel 表格，名称为"客户信息档案"，保存在计算机的非系统盘中。

（2）打开"客户信息档案"表格，建立以下档案项目：交易日期、顾客网名、真实姓名、电子邮箱、联系电话、收货地址、购买商品、成交价格。

想一想　除了以上档案项目外，还可以增加哪些有意义的档案项目？说一说，记录这些信息对网店有什么帮助？

此外，客服人员也可以在网络上下载"网店管家"等软件进行专门的客户资料管理。

> **练一练**
>
> 用搜索引擎搜索一款免费的客户关系管理软件，下载并应用。以3~5位同学的个人资料作为客户原始资料进行操作管理。客户关系管理必须包括以下内容：输入客户详细信息；向客户发送商品打折提示信息；向客户发送生日祝福。

（二）客户会员级别设置

把客户资料录入表格后，可按交易金额对客户进行会员级别设置。下面以淘宝网为例进行介绍。

1. 设置步骤

打开"后台卖家中心"，在左侧工具栏找到"客户运营平台"，选择"申请开通会员"，如图4-2和图4-3所示。

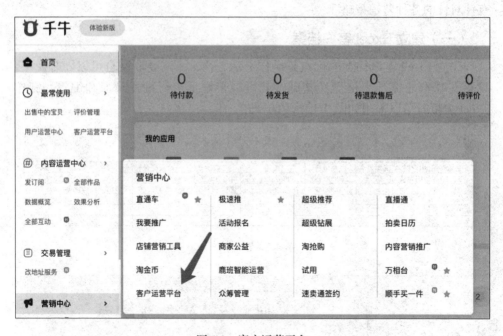

图4-2 客户运营平台

2. 使用建议

（1）会员等级和黑名单可手动修改。被加入黑名单的会员可以在本店铺进行正常的购物，但无法享受会员折扣优惠。

（2）合理设置会员等级制度，普通会员的占比过高就可以通过调整会员关系来管理普通会员的店铺VIP折扣力度，使其转化为更高级的会员，提高会员的黏性和忠诚度。

第四章　网络客户管理

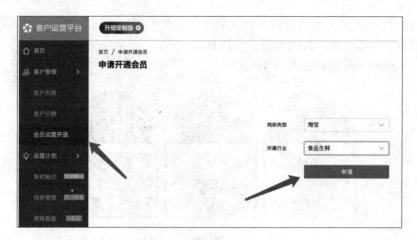

图 4-3　申请开通会员

二、客户关怀

（一）节日问候

通过电子邮件、交流平台或手机短信等方式，在所有节日及时送上署名网店的问候，能够让客户体会到商家的真诚和关爱。

　　今天是中秋节，请你设计一条客户关怀短信。

（二）生日祝福

在客户生日当天，发送网店的生日祝福，能够给客户带来暖心的感受，同时可以采取一些营销的技巧，如生日当天购买商品给予优惠券等，也能够吸引一部分老客户的再次光顾。

　　今天是郑女士成为现代生活网上超市客户两周年的日子，请你代表现代生活网上超市致电郑女士，感谢她对公司的长期支持。

（三）温馨提示

在交易过程中，卖家可以将每一个环节的处理过程和交易状态及时通知买家，并提醒买家处理相应的流程，如通过手机短信、阿里旺旺留言，通知买家发货时间、物流状态、确认收货、使用注意事项等。买家能够及时收到关于订购商品的在途信息，也就会提高对卖家的信任度。在对方收到货后，卖家应及时提醒使用时的注意事项和售后服务的要求，并进行后期跟踪提醒等，这样能够极大地促进双方的长期合作。

卖家在千牛工作台中可使用免费的普云短信关怀，所有使用普云交易的用户都可以使用。进入千牛的后台可以看到短信关怀产品，有五个模块：订单提醒、短信套留、短信设置、订购记录、发送日志。

订单提醒模块的内容如图4-4所示。

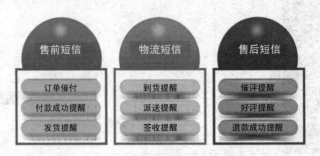

图4-4　订单提醒模块内容

按系统要求，商家需要完成从售前到物流再到售后的短信模板设置，然后开启各个功能。在发货提醒、退款成功提醒这两个功能开启后，发送短信方式为即时发送，短信发送时间为9：00到21：00之间，21：00之后的短信会在第二天发送。为防止对买家形成骚扰，若当天同一买家拍下多笔订单，同一类型提醒短信当天只发送一条；催评提醒将在买家确认收货交易完成，到达设置的时间后开始发送，而且仅处理交易完成七天内的订单。每天的10：00统一发送此类短信；为防止短信字符过长而分为多条收费，尽可能设置为50~60个字符。

1. 售前短信设置

（1）订单催付设置。如图4-5所示，启用订单催付设置后，系统会自动对符合条件的订单进行催付提醒，提高转化率。

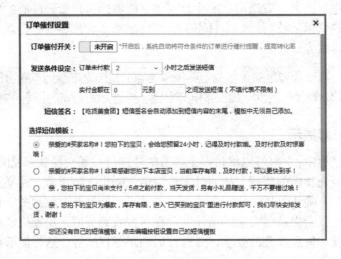

图4-5　订单催付设置

第四章　网络客户管理

（2）付款成功提醒设置。如图4-6所示，启用付款成功提醒设置后，买家付款成功后就会收到付款成功的短信提醒。

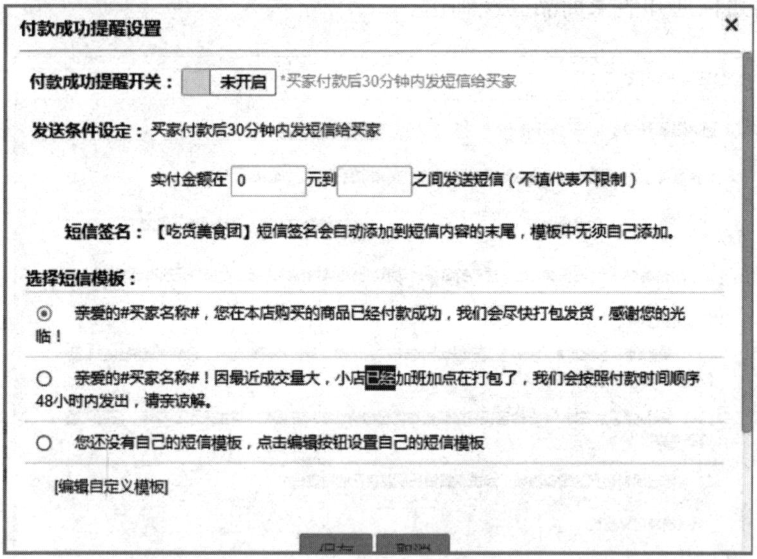

图4-6　付款成功提醒设置

（3）发货提醒设置。发货提醒设置如图4-7所示，卖家发货后及时发送短信通知买家关注物流信息，有助于提升服务水平。

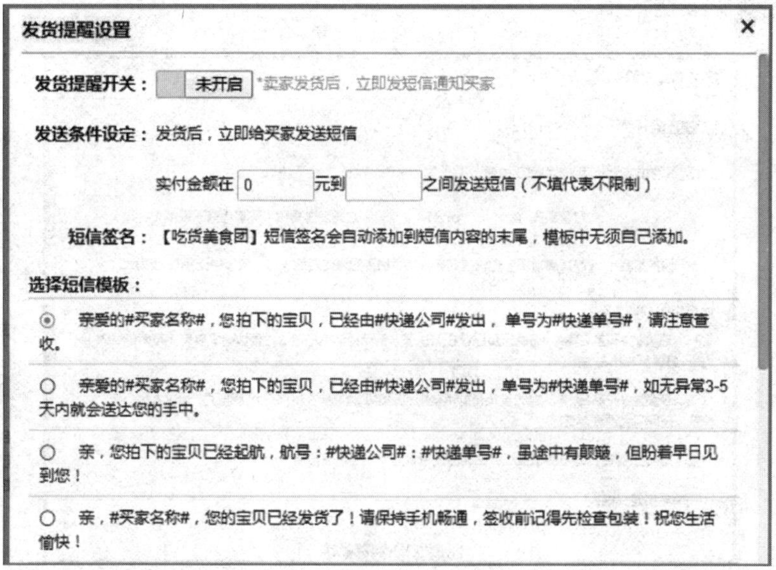

图4-7　发货提醒设置

2. 物流短信设置

（1）到货提醒设置。到货提醒设置如图 4-8 所示，当快递到达买家所在城市后，会有短信通知买家商品已经到达。

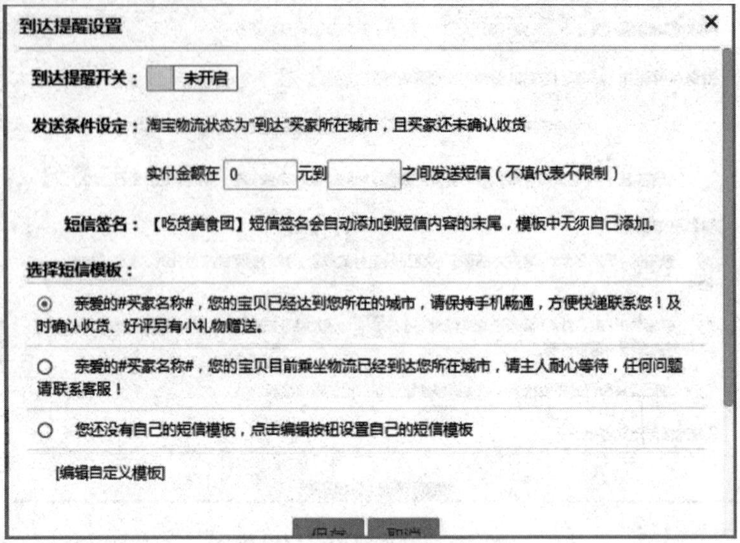

图 4-8　到货提醒设置

（2）派送提醒设置。派送提醒设置如图 4-9 所示，当物流状态变为已派送时，商家会给买家发送短信。

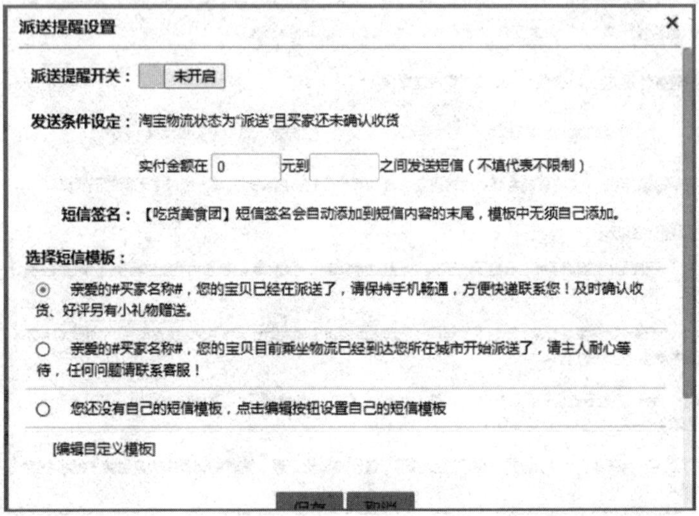

图 4-9　派送提醒设置

（3）签收提醒设置。签收提醒设置如图4-10所示，当物流状态变为已签收时，商家会给买家发送短信。

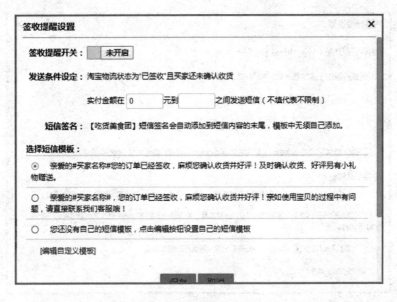

图4-10　签收提醒设置

3. 售后短信设置

（1）催评提醒设置。催评提醒设置如图4-11所示，买家确认收货后未及时评价，商家可提醒买家对订单做出评价，争取获得好评的机会。

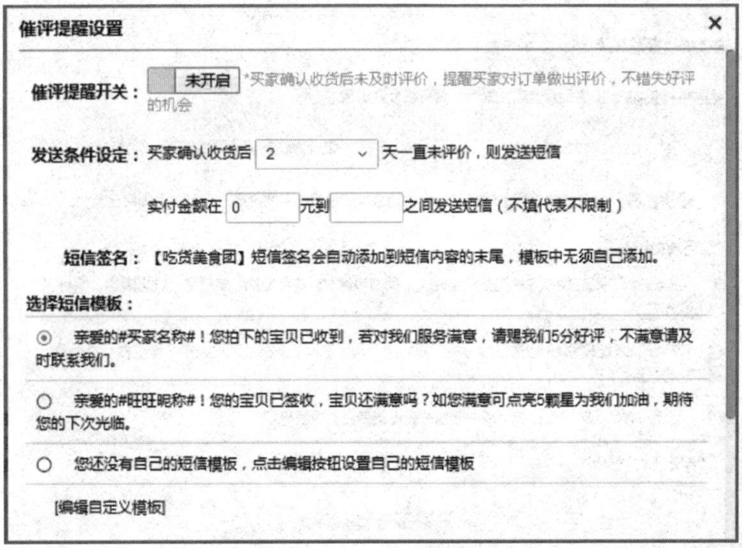

图4-11　催评提醒设置

（2）好评感谢设置。好评感谢设置如图4-12所示，当买家给出好评后，商家会发送短信感谢。

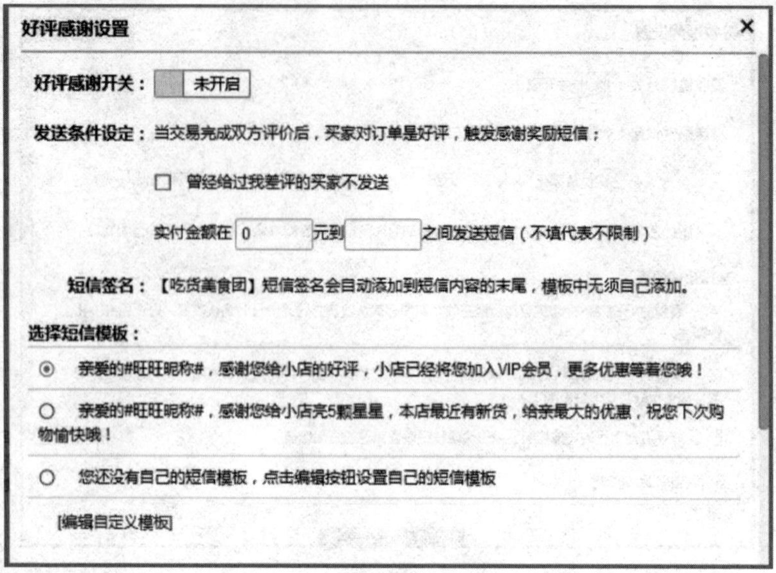

图 4-12 好评感谢设置

（3）退款成功提醒设置。退款成功提醒设置如图4-13所示，退款成功后由商家发送短信提醒买家，进而提升服务。

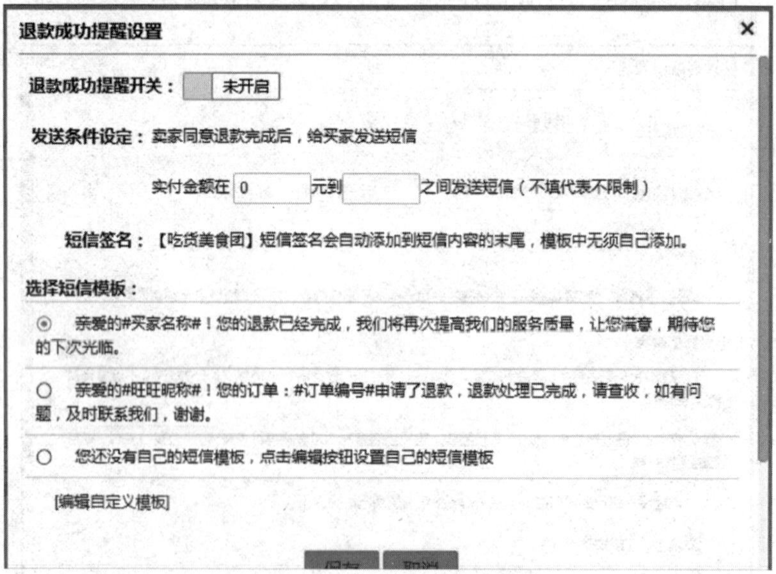

图 4-13 退款成功提醒设置

上述各项设置成功后,单击"保存"按钮,再选择"设置浏览",如图 4-14 所示。

图 4-14　短信预览

客户关怀是客服中较简单却十分重要的环节。因为客户可以通过这些服务感受到被关怀、被尊重的优越感,加深对企业的印象,这对企业的发展尤为重要。

实践练习

一、单选题

1. "异常自信,有很强的决断力,感情强烈,不善于理解别人"的客户属于(　　)。

　　A. 分析型客户　　B. 自我型客户　　C. 独断型客户　　D. 友善型客户

2. "情感细腻,容易被伤害,有很强的逻辑思维能力;懂道理,也讲道理"的客户属于(　　)。

　　A. 分析型客户　　B. 自我型客户　　C. 独断型客户　　D. 友善型客户

3. 以"优惠"或"打折"的手段,降低商品价格,可以迎合(　　)客户。

　　A. 便利心理　　B. 求新猎奇心理　　C. 求廉心理　　D. 安全心理

二、多选题

1. 物流短信包括(　　)。

　　A. 发货提醒　　B. 到货提醒　　C. 派送提醒　　D. 签收提醒

2. 客户关怀包括(　　)。

　　A. 节日问候　　B. 多推销商品　　C. 生日祝福　　D. 温馨提示

三、判断题

1. 顾客心存疑虑时，客服应跟客户强调产品的质量经得起考验，如果出现质量问题可以退货。（   ）

2. 了解客户的特点和类型，对能否促成商品成交发挥着巨大的作用。（   ）

3. 对疑虑型购物者，只有明确说明安全和隐私保护政策才能够使其消除疑虑，轻松面对网上购物。（   ）

4. 为了增强娱乐性，网站应为初次上网购物者多提供观看产品的工具、个人化的产品建议以及像电子公告板和客户意见反馈页之类的社区服务。（   ）

四、简答题

1. 网上客户常见的 5 种购物心理是什么？
2. 按购买行为分类，网上客户可分为哪几类？

五、技能实训

网店目标客户的需求分析

不同类型网店的目标客户也不一样，请以小组为单位合作开展训练，选定一种类型的网店对目标客户的需要进行分析。具体要求如下。

（1）选择网店类型，锁定目标客户。

网店类型多种多样，在进行目标客户需求分析之前，首先要确定网店类型，锁定目标客户。

（2）针对所选网店进行目标客户分析。

请同学们按照自己选择的网店类型回答下面问题。

我们小组所选择的网店类别是：_____。

该类别所指向的目标客户是：_____。

（3）针对目标客户进行具体分析。

小组把网店的目标客户进行分类，不同客户所占比例分别是：_____
_____。

每种类型的客户的需要分别是：_____。

第五章　售前客服

★ **知识目标**

1. 掌握接待客户的技能。

2. 掌握推荐产品的技巧和方法。

3. 掌握处理异议的态度、步骤和技巧。

★ **技能目标**

1. 能编辑客服快捷短语。

2. 能设置自动回复。

3. 能根据不同情况自主灵活地处理异议。

★ **素质目标**

1. 培养热情、耐心对待客户的工作态度。

2. 培养良好的客服心理素质。

本章知识结构图

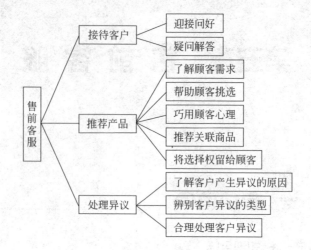

案例情景

"双十一"客服安排

在"双十一"活动中,客服的征询量爆满,比平常多几十倍的征询量,要求客服做好充分的准备工作,用积极的心态迎接大促活动,提升买家的购物满意度。

"双十一"当天客服安排如下。

（1）0:00—2:00:这个时间是"双十一"当天的购物高峰时间段,客服全员到岗,担任该时段的接待工作。除了客服进行接待工作外,还要有专人进行数据监控,页面监控,一旦主页有卖完的产品,应立刻进行页面调整。

（2）2:00—8:30:疯抢顶峰期过了,进入平稳期,客服开始轮班吃夜宵和轮班休息,养足精神迎接下一个高峰期的到来,这个时段还可以进行页面的整理和调整。

（3）8:30—11:00:白天的购物高峰时段,除了清晨值勤客服可以休息,其他客服应全员到岗。

（4）11:00—12:20:客服开始轮班休息、吃午饭。

（5）12:20—7:00:全员客服到岗,进行接待工作。

（6）17:00—18:20:客服开始轮番吃晚饭。

（7）20:00—21:00:给客服派发糕点、饮料等,晚上9点后又是一个小顶峰。

(8) 21:00—次日00:00，若是有后备客服人员，及时接替"双十一"当天的客服。

理论研习

在网络交易过程中，买卖双方无法看到彼此的表情、肢体语言等，更无法听出对方的语气，只能通过文字、聊天表情来表述彼此的想法、需求，这对在线客服人员的语言沟通能力有较高的要求。在线客服人员如何更好地发挥自己的语言优势，快速、有效地促成交易，值得我们深入思考和总结。

第一节 接待客户

一、迎接问好

（一）礼貌、快速地回应客户

迎接问好是网络客服人员接待客户的第一个工作流程。迎接问好需要以快速、热情为原则，这样才会给顾客留下更好的初始印象，使顾客有心情、有兴趣和客服人员在线交谈，进行后续的网络交易。

1. 常用的礼貌问候语

① 您好！欢迎光临，很高兴为您服务！

② 亲，我是客服小小，请问有什么可以为您效劳的呢？

③ 您好，×××店欢迎您！很高兴为您服务！如果喜欢我们的商品，记得收藏我们的店铺哦！

2. 提高响应效率

响应时间的快慢，会直接影响顾客停留与否。在产品同质化日益严重的现状下，服务对店铺来说是重中之重。如果由于在线客服人员长时间不能回应，顾客将会被迫另选商家，这样无论是否付出了推广成本，对网店来说都是很大的损失。

客服范例

范 例 一
客户：老板在吗？
（8分钟之后）
客服：在。
客服：还在吗？

客户：哦，刚看你不在，已经咨询了别家。
客户：哦。

范例二

客户：在吗？
客服：亲，您好，我一直都在哦。
客户：请问这款裙子还有货吗？
客服：有的亲。都是现货呢。
客户：哦哦，我想买一条这款裙子。

通过上述两则范例的对比可以看到，在线客服人员在极短的时间内给予顾客快速、积极的迎接与问候，同时做出正面的答复时，顾客愿意留下来与其进行前期的沟通，这样可以有更多的机会留住顾客，进而达成交易。

> **客服小知识**
>
> **接待咨询时的注意事项**
> （1）及时回复，遵循"黄金6秒"法则快速应答。
> （2）用语亲切，可以使用语气词，如哦、呢、噢。
> （3）一切站在买家的立场上，先与买家交朋友，再着力促成交易。
> （4）使用标准化的礼貌用语，塑造专业形象。
> （5）搭配表情，体现亲和力，可以使顾客感到更加轻松愉悦。

（二）设置个性化的顾客称呼

通常，网店称呼顾客为"亲"。其实，对顾客的称呼还可以具有店铺个性化，如有些女装店铺称呼顾客为"公主""女王殿下"，母婴店铺会称呼为"宝妈""辣妈""奶爸"等，不一样的称呼能带给顾客独特的感受，加深顾客对店铺及客服人员的印象。

（三）即时通信工具的使用——以淘宝旺旺为例

1. 沟通的语气和表情

在线沟通看不到表情，听不到声音，除了使用礼貌用语外，客服人员还应选择合适的、有积极意义的聊天表情来为沟通增色，如图5-1所示。

阿里旺旺的对话框中有"选择表情"栏目，只要在此处点击一下，各种旺旺表情就会显示出来，可以根据需要选用，如图5-2所示。

2. 使用技巧

（1）编制快捷回复。客服人员可充分利用阿里旺旺的快捷短语功能，使自己

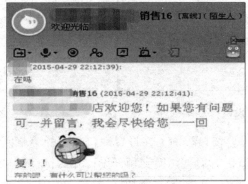 

图 5-1　使用聊天表情　　　　　图 5-2　旺旺表情

在繁忙的时候也能够游刃有余地接待多位顾客、节约时间，提高工作效率。客服人员可根据店铺的情况将一些常见问答设置成快捷短语，有人询问时只要轻轻一点就可以直接发过去，省事又省时，还能在一定程度上体现出规范化和专业化的商家形象。

客服范例

> 亲您好！欢迎光临现代生活网上超市化妆品专区😊店庆狂欢秒杀活动进行中，买多送多，所有上架商品全部有货，付款后我们48小时发货，默认××快递公司，若不能寄到，自动改发其他快递。

（2）设置自动回复。当咨询量特别多或者客服暂时离开的时候，也可以采用自动回复的方式，列出顾客常问的问题及解答，在一定程度上缓解工作强度，留住顾客，如图 5-3 所示。

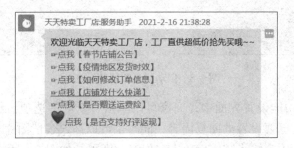

图 5-3　设置自动回复

（3）自动回复和快捷短语的设置步骤如下。

① 双击打开阿里旺旺聊天软件，在软件下方任务栏中找到一个齿轮形状的图案，即"设置"选项，如图 5-4 所示。

图 5-4 "设置"选项

②单击"设置"选项按钮,弹出设置窗口界面。在设置窗口左边的菜单栏中选择第二个选项"聊天设置"。这时窗口右边会切换到聊天设置界面,且在左边聊天设置下方会出现一个下拉菜单。单击"自动回复和快捷短语"选项,右边的窗口会切换到自动回复功能设置界面,如图 5-5 所示。

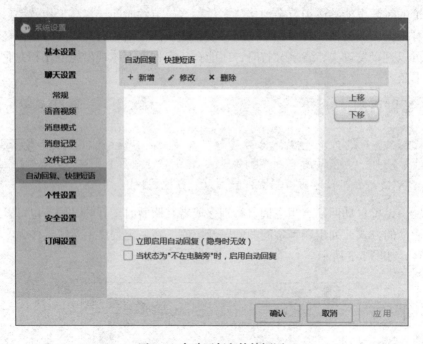

图 5-5 自动回复和快捷短语

③在回复功能设置界面中,商家可以单击"新增"选项,然后在弹出的新增窗口中输入自己要设置的回复内容,同时也可以插入表情图片、修改设置字体的大小颜色等,内容输入完成后单击"保存"即可,如图 5-6 所示。

④在设置自动回复的界面上,单击第一行的"快捷短语"切换到设置界面,单击"导入"按钮,导入已准备好的快捷短语文件,此时需要先清空之前的短语。清空之后,出现导入选择文件的界面,选择已准备好的文件,即可成功导入数据,如图 5-7 和图 5-8 所示。

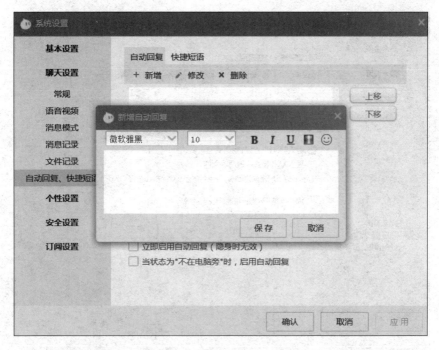

图 5-6　新增自动回复内容

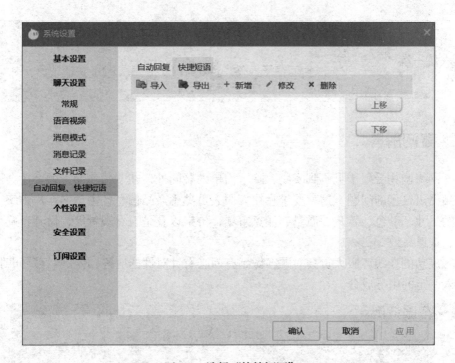

图 5-7　选择"快捷短语"

图 5-8　单击"导入"

（1）以卖家客服身份，新增2条自动回复，要求语气温和，搭配聊天表情。

（2）以卖家客服身份，用Excel表格编辑10条快捷短语，并导入阿里旺旺。

二、疑问解答

网络购物受限于见不到实物，除了简单的疑问外，在购物前期，顾客还会对产品提出较多的问题。这就要求在线客服人员熟悉产品信息，主动向客户讲解产品的尺寸、颜色、款式、质量、注意事项、价格以及是否有现货等，做到正确无误、快速有效。

成功的在线客服人员会对顾客做到有问必有针对性的应答，并在解答疑问时，加入一定的引导成分。

客服范例

客服：这是我们品牌重点推出的秋冬最新款毛衣😊，在我们的店铺这个

款式已经卖断码了，现在我们店只有两件了😊，您平时穿什么码呀？😊

客服：您的眼光真不错，我个人也很喜欢您选的这款。😊

客服人员还可在顾客的疑问中，挖掘并主动解答顾客的其他疑惑。如果客服人员在服务过程中只是机械地回答顾客的问题，不能感受到顾客的真实需求，便会难以令顾客满意，容易造成客户流失。

🎧 客服范例

客户：发山东几天能到？

客服：正常情况3~5天就可以到的亲。

客户：除了20mL的，还有更大包装的吗？

客服：亲，因为产品每次使用一滴就够了，另外为了保证产品的新鲜度，所以这个包装刚刚合适的。

客服：之前厂家有生产过大包装的，很多亲反应用不完就过期了，很可惜。

客服人员可以透过顾客的疑问，看出顾客内心可能存在的两个需求：一是急需使用这个产品；二是希望有更大规格包装的产品。第一个需求可通过选择速度更快的快递来使顾客满意。第二个需求，如果实际情况没有更大规格包装的产品，在线客服人员可选择从用量、保鲜程度的角度消除顾客的疑虑，令其放心选择现有的产品。

第二节　推 荐 产 品

产品推荐是指客服根据顾客的需要将待出售的产品通过自己独特的销售方式推送给顾客的过程，这是客服工作的重点，也是客服工作能力的具体体现。

一、了解顾客需求

顾客前来购买的前提是他有购买需求和购买欲望，那么客服应怎样准确定位顾客的需求呢？可以从以下两点进行分析。

（一）注意顾客咨询的问题

顾客咨询的问题直接反映了他们的需求，客服需要把握顾客需求的关键词，有针对性地向其推荐产品。

客服范例

客户：亲，在吗？

客服：在的呢~亲~欢迎您的光临~我是客服西瓜。有什么可以帮助您的吗？

客户：天气冷了，皮肤就好干呀。保湿的产品有什么好推荐的吗？

客服：亲~冬季天气很干燥，一定要好好爱护自己的皮肤哟~针对干燥的冬季，西瓜为您推荐以下几款保湿型的护肤品，客户反应很好的哟~

（二）留意顾客拍下的商品

一部分顾客习惯于在拍下订单后未付款的情况下找到客服了解产品信息，这个时候客服不需要直接问顾客的需求，只需要根据顾客所拍下的订单进行询问，这样顾客会觉得客服了解自己的需求。

客服小知识

常见的几种推荐术语

表 5-1~ 表 5-3 所示为网络客服工作中常见的几种推荐术语。

表5-1　颜色推荐术语举例

客户咨询	客服接待术语
这款什么颜色好看	亲，您平时喜欢什么色调的衣服呢？这款××色销量比较好，亲可以看看喜欢不
我肤色偏黑，穿什么颜色会好看些呢	肤色稍黑点……亲可以考虑下暖色系的衣服，个人感觉会比较好看些，这几件就不错（发链接），亲也可以参考下哦
我前面看的那套还有什么颜色	（有）亲，您看的这个还有其他的颜色哦，我发给您看看 （没有）亲，您看的只有这个颜色的哦，没有其他的，您喜欢什么颜色的可以告诉我，我这边查下其他的款式发给您看看

表5-2　款式推荐术语举例

客户咨询	客服接待术语
能不能再给我发几个同款的衣服	好嘞，没问题，您稍等，我这就给您发链接哦
给我介绍几款好看点的产品	好嘞，没问题哦，不过亲，您先告诉我您大概喜欢什么样子的/什么风格的呢
有没有带点格子的	（有）亲，有的哦，我这就给您发链接哦，您稍等 （没有）亲，暂时还没有带格子的款式哦，您还喜欢什么类型的呢

表5-3 尺码推荐术语举例

客户咨询	客服接待术语
我176cm、62kg，要穿什么尺码	亲，按您提供的数据，××码亲穿起来会比较合适的哦
这件衣服我要穿什么尺码呢	亲，您的身高、体重是多少？我这边给您参考下（了解客户的数据，然后推荐）
我平时裤子都是穿32cm的，这款裤子我要穿多大	亲，我们家的可能和您平时穿的尺码有点不同，亲可以把身高、体重和腰围和我说下，这样我给您参考的尺码会更准确些（先了解客人的数据，然后推荐）
我176cm、57kg，这款裤子要穿什么尺码	亲，裤子除了身高和体重以外，腰围也是很重要的参考元素，亲把您的腰围和我说下，我这边给您参考尺码
我175cm、60kg，我是买M的还是L的好呢	亲，平时是喜欢宽松风格还是修身风格呢？如果亲喜欢修身一些，M会比较合适（若客人比较犹豫，问清客人穿衣风格再帮他做决定）
其他款式也适合这个码吗？我还看中另外一件，也是这个尺码吗？	亲，我们不同的宝贝尺码上会有点差异，您看中的是哪款？发给我看下，我给您参考下

二、帮助顾客挑选

许多准顾客即使有意购买，也不喜欢迅速下单，总要犹豫许久，不停询问产品颜色、材质、式样、交货日期等。这时，客服人员要改变策略，暂时不谈订单的问题，转而热情地帮对方挑选。一旦上述问题解决，订单也会很快达成。

客服人员在帮助顾客挑选时需要根据销售、产品实际效果、客服自身体验、顾客反馈、顾客的偏爱要求、商品时新性来做出决定。

客服范例

客户：我还是没想好要买哪款洗面奶。
客服：请问您喜欢清爽控油的还是美白的洗面奶呀？
客户：我喜欢清爽控油的。
客服：您需要100mL的还是200mL的？
客户：如果我要200mL的，还有优惠吗？
客服：我正要跟您说，我们200mL的现在正在搞活动，购买就赠送精美礼品哦！

三、巧用顾客心理

客服在为顾客推荐商品时，只需要掌握顾客"买便宜"和"买稀缺"两个心理，就会更容易促成交易。

（一）"买便宜"心理

顾客往往对商品促销打折等活动抱有强烈的好感，因而客服可以用低价的方式来促成交易。客服在推荐产品时从价格入手，如限时促销、明天恢复原价、很少有折扣等规范语言，向顾客说明立刻购买的好处，最好能用数据说话，增加可信度。

🎧 客服范例

客服：先生，🎤今天你来得正巧，这款商品在搞促销。今天买最划算😊，明天就恢复原价了……

（二）"买稀缺"心理

人们常对得不到、买不到的东西非常执着。客服可利用这种怕买不到产品、追求稀缺性的心理来促成订单。

🎧 客服范例

客户：这个商品好是好，可还是贵了点。

客服：这款是爆款，常常卖到断货。现在这批只剩下 2 件了。估计不到两天就没了，您要喜欢就别错过了哦。

客户：这样啊，那我马上拍！

四、推荐关联商品

（一）推荐关联商品的种类

关联推荐可分为推荐同类商品、推荐配套商品、推荐促销商品。

1. 推荐同类商品

当顾客主动询问是否有同类商品时，客服人员可以根据顾客的要求向其推荐同类商品。如果顾客没有主动询问，一般客服人员不推荐同类商品，以免造成冲突，使顾客产生不信任心理。

🎧 客服范例

客服：感谢您的信任😊，那我就给您推荐几款吧😊，但纯粹是个人意见哦。

2. 推荐配套商品

在销售有配套商品的产品时，客服人员一定要向顾客推荐配套商品。一方面可以增加销售量，另一方面可以避免顾客因为没有配套商品而产生不愉快的购物体验。例如，顾客购买台灯时，客服人员可向他们推荐灯泡，这既可以增加灯泡的销量，又可以提醒客户台灯是单独出售的，不搭配灯泡。

3. 推荐促销商品

对没有必要配套商品的产品，客服人员可以选择性地向客户推荐促销商品。在愉快的聊天气氛中，可以给顾客促销信息，挖掘顾客的潜在需求。

（二）推荐关联商品的注意事项

客服人员在推荐关联商品时，要注意以下事项。

（1）关联商品的价值和作用不能高于主力产品。例如，顾客买手机，客服人员可以推荐相关配件。

（2）购买关联商品和主力产品在价格上应该有一定的优惠。例如，单买上衣159元，裤子139元，但是一起买两件只要269元，或购买2件商品包邮等。

五、将选择权留给顾客

客服推荐产品的时候要关注顾客的反馈，不能一味推荐自己想推荐的产品而忽略了顾客的真实需求。在推荐过程中，要及时确认顾客的反馈信息，以便选择恰当的推荐策略。

在与顾客确认信息的过程中有以下技巧。

（一）不直接回答顾客的问题，巧妙反问

在顾客的问题难以回答时，客服人员可以巧妙地进行反问，引导顾客在现有的产品中进行选择。

🎧 客服范例

客户：这款洗面奶有去黑头的吗？

客服：抱歉。我们现在只有深层清洁、保湿、补水的，在这几款里，您比较喜欢哪一种呢？

客户：嗯……那就深层清洁的吧。

（二）故意留给顾客时间思考

顾客在选购商品时总是犹豫不决、优柔寡断，此时，客服人员千万不能着急催促，而应该耐心等待，适当时候故意留给顾客思考的时间。例如，有的顾客虽然对产品很有兴趣，可是迟迟不做出决定。这时，客服人员不妨故意装着很忙要

接待其他顾客，无暇顾及他的样子，让顾客再耐心地思考。

客服范例

> 客户：唉，这几款我看得眼都花了，还是不知道该选哪一款。
> 客服：亲，您可以慢慢选择，因为我们店铺里面的客户现在比较多，我先接待别的客户。亲选择好了之后再告诉我，等你哦！
> （2分钟之后）
> 客户：在吗？我想拍那款补水的，比较适合我的肤质。

将选择权留给顾客，不仅是尊重顾客选择的表现，同时也能"卖关子"，让买家对自己的商品更有购买欲望，在博得顾客好感的同时，还能轻而易举地将商品销售出去。

练一练 以下为模拟对话，测试客服人员的接待能力。请根据客户的信息进行相应的回应。

（1）客户：我再考虑考虑。
客服：＿＿＿＿＿＿＿
（2）客户：这款羽绒服有白色的吗？
客服：＿＿＿＿＿＿＿

第三节　处理异议

客户异议是指客户对销售的商品、客服人员、商品销售方式或交易条件产生的怀疑、抱怨，进而提出否定或反面的意见。在营销过程中，顾客难免会对商品产生一些异议。如果客服人员对异议的处理不能让顾客满意，就很难开展后续销售，所以客服人员一定要妥当地处理异议。处理异议就是针对顾客的疑问、不满进行完全解答的过程。处理异议的关键如图5-9所示。

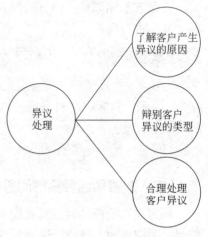

图5-9　处理异议的关键

一、了解客户产生异议的原因

客户产生异议的原因是多方面的，大多

是对价格不满，对产品质量和实物的不信任以及对服务的不满意等。客户产生异议的原因及客服人员处理方法如下。

（一）对价格不满

顾客对价格不满是销售过程中的常见异议。客户对商品的价格最为敏感，即使商品的定价比较合理，客户仍会抱怨。在客户看来，讨价还价是天经地义的事。出现这种异议可分为两种情形：一种情形是客户根本无意购买，讨价还价只是借口而已；另一种情形是客户购买意愿强烈，希望能优惠，在这种情形下如果没有利润空间或已到最低折扣，可以用赠品优惠券等其他方式弥补顾客的失落感。

客服范例

客户：老板，这件衣服能不能便宜一些呢？

客服：您好，价格是这样了，我们不能再便宜了，但是我们现在有一个活动，您只要收藏我们的店铺，我们这边可以给您包邮的哦。这样您可以省下运费了呢。

客户：可我还是觉得有点贵，不能再优惠点吗？

客服：亲，价格上我不能再优惠了哦，我只是一个客服，没有这个权限的呢，请亲谅解哦。

客户：那好吧，不为难你了，我去拍了。

（二）对产品不信任

当顾客流露出对产品质量和实物的不信任时，有可能是企图通过对产品的挑剔获取价格上的优惠。面对这种情形，客服可以通过对比同类产品突出自身优势，如"我们的商品2年内的更换率是行业最低的，所以性价比绝对是高的呢"，也可通过售后承诺来突出服务优势或强调其他买家的好评等来获取信任。

客服范例

客户：你家卖的是正品吗？

客服：商品您可以放心，都是经过××验证过的，图片也是实物拍摄的。

客户：我看图片都差不多，怎么知道好不好呀？

客服：亲，您亲身体验之后，可以体会到我们产品的优势哦。我们店铺也支持7天无理由退换货服务，您可以看一下店铺中的购买记录评论再放心购买哦。

（三）对服务不满意

客服人员有时因客户多，难免招呼不周，或是压力大而与客户交流时口气较生硬。这自然会引起客户对客服人员的话语或是服务的不满意。面对这种情况，客服千万不能与客户争吵，应及时向客户道歉，或是更换客服一对一服务。

 想一想 　分组看图5-10对话框中客服与客户的对话，讨论这位客服有哪些地方做得不对，说明应该怎样做？

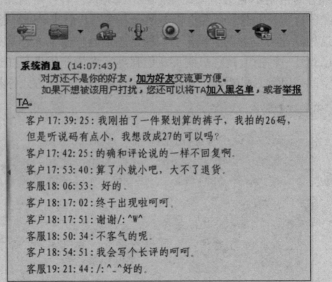

图5-10　客服与客户的对话

二、辨别客户异议的类型

客户异议通常有以下三种类型，客服人员应该认真辨别。

（一）真实异议

真实异议是指客户提出的异议有事实依据，如对产品的质量、功效、价格等方面存在疑问或担忧，或者是对关于产品的介绍存在一定的误解。这是由于客户对商品不了解而产生的真实的担心。

面对真实异议，服务人员必须结合具体情况妥善处理，做出积极的响应，或有针对性地补充说明商品的有关信息，或对商品存在的问题做出比较分析和负责任的承诺。

（二）虚假异议

虚假异议是指客户提出的异议是违反客观事实的，因而是虚假的、无效的。提出这种异议时，客户并非真正是对商品不满意，而是为了拒绝购买而故意编造的各种反对意见和看法,是客户对推销活动的一种虚假反应。

一般情况下,客服人员对虚假异议可以采取不理睬或一带而过的方法进行处理。因为即使服务人员处理了所有的虚假异议,也不会对客户的购买行为产生促进作用,故虚假异议又称无效异议。

(三)隐藏异议

隐藏异议是指顾客不提出自己真正的异议,而是先提自己并没有疑问或是不关心的问题作为迷惑,希望在交涉中取得一定的优势。例如,顾客真正的异议是产品价格,他希望价格能便宜一些,但他却没有直接就价格与销售人员交涉,而是对品质、外观、颜色等提出异议,以期降低产品价值,达到砍价的目的。

作为客服人员,不要害怕客户的异议,要耐心进行解答,最终促成交易。

三、合理处理客户异议

(一)异议的处理态度

面对异议的时候,无论顾客怎样刁难,客服人员都要耐心和顾客进行沟通,应做到以下几点。

(1)保持热情礼貌,积极回答顾客的质疑。

(2)永不争辩。客服的争辩会加剧顾客的不满,还可能成为导火索,损失客源。

(3)听清楚对方的意见,进行有效确认。

(4)认同对方的意见,用事实和数据来说服顾客。

(二)异议的处理步骤

客服人员在处理一般异议的时候,首先应明确异议的真正内容,并对顾客所提出的异议找出分歧点,用数据和事实消除疑虑、误解,然后进行解释,说服顾客以达成共识。处理异议的步骤如图 5-11 所示。

图 5-11 处理异议的步骤

（三）异议的处理技巧

每一次交易都是一次"同意"的达成，以下几种方法可以较好地解决异议。

1. FFF 法

FFF 是指感觉（feel）、客户的感受（felt）、去找到（find）客户的需求。FFF 法是站在客户角度考虑问题的方法，这是因为销售在于改变客户的原有观点，要让客户认同客服人员和商品。

> **客服范例**
>
> 客户：你家产品的价格太高了。
>
> 客服：我明白您的感觉，很多客人刚开始和您的感受是一样的，使用后他们才发现，我们产品的寿命比别的产品长，比买其他的产品更划算。

2. 顺应法

当自己的意见被别人直接反驳时，内心总是不痛快的，甚至会被激怒，尤其是遭到一位素昧平生的人的反驳。屡次反驳客户，会让客户恼羞成怒，就算客服人员说得都对，也没有恶意，还是会引起客户的反感。因此，客服人员最好不要开门见山地直接提出反对意见。在表达不同意见时，尽量利用顺应法，即"是的……如果"的句法，用"是的"同意客户部分的意见，用"如果"表达在另外一种状况下是否这样比较好。

> **客服范例**
>
> 客户：这款手机功能真是强大，设计也非常棒，可惜体积大了一点。
>
> 客服：是的，您说得很有道理，确实大了一点。但强大的功能肯定需要更多的硬件配置，至少屏幕就需要大一倍，如果太小，您使用就不方便了。

3. 迂回法

迂回法是将客户拒绝的原因转变为说服他想买的原因，迂回劝说，就好像太极中的借力使力。

> **客服范例**
>
> 客户：评价里都说你们的油烟机使用时噪声有点大。
>
> 客服：是的，正是因为我们的油烟机转速快、功率大，油烟才吸得干净，所以噪声大一点。油烟机里的电机带动叶轮旋转吸烟时一定是要发出声音的，工作原理都差不多，不同品牌的噪声水平也不会相差太多。

4. 询问法

询问法在处理异议中有两方面的作用：一是可以把握住客户真正的异议点；二是能避免直接回答客户的反对意见，以免引出更多的异议。

客服范例

客户：我希望价格再降百分之十！

客服：我相信您一定希望我们给您百分之百的服务，难道您希望我们给的服务也打折吗？

客户："这台健身机的功能，好像比别的品牌的要差。"

客服："请问您为什么会有这个感觉呢？"

5. 补偿法

当客户提出的异议有事实依据时，客服人员应该承认并欣然接受，强力否认事实是不明智的。但需要记得，客服人员要提出给客户一些补偿，让他取得心理上的平衡，让他产生产品性价比相对合理的感觉。产品拥有的优点对客户是重要的，产品没有的优点对客户而言是不太重要的。

客服范例

客户：宝贝收到。这个产品别的方面还不错，就是看起来包装有些简陋。

客服：您说得没错，这个产品确实是简易包装，但如果质量好再加上豪华的包装，价格恐怕要高出不少呢！

练一练

请根据下面客户的异议，依照不同的异议处理方法进行回答。

（1）客户："我没听过你们这个品牌。"

（2）客户："你们店的衣服太花哨了。"

（3）客户："我再考虑考虑。"

（4）客户："这也太贵了吧，能优惠点吗？"

（5）客户："这个款式过时了！"

实践练习

一、单选题

1. 客户异议的良好处理态度不包括（　　）

　　A. 热情礼貌，积极回答顾客的质疑

　　B. 面对气焰嚣张的客户，可以适当争辩

　　C. 听清楚对方的意见，进行有效确认

D. 认同对方的意见，用事实和数据说服顾客
2. 客服人员在处理价格异议的过程中，不能出现的语言是（　　）
   A. "售价是公司出台规定的，我们客服是没有权利议价的，希望理解哈"
   B. "这个是我们的最低价了，您爱买不买啊"
   C. "不好意思，公司一般在节假日搞促销活动才会有礼品哦"
   D. "我们都很希望老顾客多多光临我们店铺哦，碰到有活动，一般都有优惠哦"
3. 客户询问是否还有其他款式时，客服应该（　　）
   A. 发送催付信息　　　　　　B. 礼貌告别
   C. 推荐关联产品　　　　　　D. 适时提醒下单
4. 关联商品的推荐不包括（　　）
   A. 推荐同类商品　　　　　　B. 推荐配套商品
   C. 推荐促销商品　　　　　　D. 推荐价格上浮产品

二、多选题

1. 客服在为顾客推荐商品时，需要牢牢地掌握顾客的（　　）心理。
   A. 团购　　　B. 补偿　　　C. 买便宜　　　D. 买稀缺
2. 处理异议的关键是（　　）
   A. 了解客户产生异议的原因　　B. 辨别客户异议的类型
   C. 合理处理客户异议　　　　　D. 坚决维护顾客的利益
3. 客户异议分为（　　）三种类型。
   A. 真实异议　　B. 虚假异议　　C. 隐藏异议　　D. 不信任异议

三、判断题

1. 顾客在选购商品时总是犹豫不决、优柔寡断，此时客服人员不必留给顾客思考的时间，应帮助顾客当机立断，做出决定。　　　　　　　　　　（　　）
2. 面对虚假异议，客服人员可以采取不理睬或一带而过的方法进行处理。
   　　　　　　　　　　　　　　　　　　　　　　　　　　　　　（　　）
3. 面对异议的时候，无论顾客怎样刁难，客服人员都要耐心对顾客进行解答和沟通。　　　　　　　　　　　　　　　　　　　　　　　　　　（　　）
4. 在异议处理中，迂回法是将客户拒绝的原因转变为说服他想买的原因，就好像太极中的借力使力。　　　　　　　　　　　　　　　　　　　（　　）

四、简答题

1. 客服人员在推荐关联商品时要注意哪些事项？
2. 如何推荐产品？

五、技能实训

客服快捷短语的编写

假设你是某女装网店店铺客服,新店开张,你需要为店铺编写相应的客服规范用语,并且针对不同场景给出多个应对方案。请根据以下内容编制快捷语。

(1)欢迎语。

(2)商品咨询语。

(3)议价答复。

(4)结束语。

第六章 订单处理

★ 知识目标

1. 熟悉订单处理的具体流程。
2. 掌握高效处理订单的技巧。
3. 掌握与客户交流的方式方法。

★ 技能目标

1. 能熟练操作网站的工作平台。
2. 能使用合适的语言与客户进行沟通。

★ 素质目标

1. 培养从网店整体出发的运营意识。
2. 培养应变能力与沟通能力。

本章知识结构图

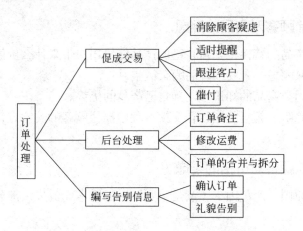

案例情景

据统计，在客服人员处理订单的过程中，有20%的订单会流失，但绝大部分客服人员都很少关注这20%。其实，客服人员只要稍加关注就可以减少订单流失，关键是客服人员有没有细心地去做。很多客服人员会忽略拍下来未付款的订单，不做催付工作，使订单的实际成交率下降。当然，提高订单有效性，不只是做催付工作，而是涉及一系列订单处理工作。

理论研习

订单处理是经营网络店铺的一个核心业务流程，也是实现服务目标最重要的影响因素。改善订单处理过程，缩短订单处理周期，可以大幅提高店铺服务水平与顾客满意度，也能够降低库存水平，在提高顾客服务水平的同时降低物流总成本。

第一节 促成交易

一切在线销售工作的最终目的都是促成交易。然而，在购买商品前，顾客总是有很多疑虑，故而对产品的购买犹豫不决。客服人员应该认真分析顾客的需求，消除顾客疑虑、适时提醒、跟进客户，并进行催付。

一、消除顾客疑虑

（一）消除顾客对商品的疑虑

（1）熟知商品的特性，知道自己的产品能给用户带来什么价值，让顾客了解购买价值，消除顾虑，激发顾客的购买欲望。

（2）了解同类商品的知识，明确自己产品的优势。

（3）善于聆听、领会意图，在交谈过程中抓住顾客的关键点，给出针对性的指导。

（二）消除顾客对价格的疑虑

（1）保持原则。避免因为了满足个别顾客的需求而流失大部分顾客，以免造成更大的损失。

（2）比较法。通过商品质量、包装、服务承诺等与同类商品比较，体现商品的优势，提升顾客信任度。

（3）转移焦点。通过活动、赠品、会员、服务增值等优惠制度，将焦点从价格转向其他促销活动，提高销售能力。

客服人员如需促成交易，应了解顾客需求；换位思考，承认消费者的立场；了解消费者的症结后对症下药，然后提出有针对性的解决方案，最终必能达成交易。

二、适时提醒

有些顾客进店时，虽已货比三家，但还是犹豫不决。具有这样心理特点的消费者往往需要别人的鼓励才会决定购买。这时客服就要积极主动，顾客在几个同类产品面前不知选择哪一家时，哪家的客服人员热情，就能为其产品加分，让顾客更倾向于购买该产品。

例如，客服人员可以适时提醒："亲，如果喜欢就拍下哦，我们店产品的质量您可以放心哦。""质量保证"正好符合顾客的期待，让顾客更倾向于该店的产品。因此，在及时回复顾客咨询的同时，要抓住顾客心理，适时给出优惠或质量保证，留住顾客，促成交易。

三、跟进客户

很多买家在购买商品时，总是喜欢对比多个网店的同类商品。如果客服人员不跟进，可能就会流失订单。

> **客服范例**
>
> 客户：您好，我想买个保湿效果好点的面霜，推荐一下吧！
>
> 客服：您好，欢迎光临小店，很高兴为您服务！保湿类的面霜，个人推荐这款产品给您，这是我们的明星产品，效果很好呢，我发链接给您。
>
> 客户：包邮吗？
>
> 客服：亲，满200元免邮的。
>
> 客户：哦，那我再看看。
>
> 客服：好的，亲。
>
> 客服：亲，考虑得怎么样了？前面推荐的保湿霜，配合保湿洗面奶使用效果很好的（发链接）。您可以比较下，套餐很优惠的，之前客户的评价也都挺好的。
>
> 客户：我看下，好像是不错，还能送小样是不是？
>
> 客服：是的亲，我可以帮您申请一下。
>
> 客户：嗯，那我去拍了，到时候别忘记哦。
>
> 客服：好的，亲。

四、催付

客服除了接待顾客，回答顾客的咨询之外，还应做到主动催付订单，促成订单的成交。催付是指客户拍下商品后没有付款，客服人员在了解原因后引导买家付款的行为。

有效的催付可以卖出商品，提高支付转化率，也可提升店铺的销售额。此外，很多网店也把转化率作为考核客服业绩的重要指标，这直接关系到客服人员的经济利益。因此，有效的催付对店铺与客服人员来说都有重要意义。

（一）催付的工具

客服和顾客经过长时间的沟通后，顾客终于拍下产品，但迟迟没有付款，这时就需要客服进行催付。客服常用的催付工具有即时通信软件（如千牛）、短信、电话三种。

1. 即时通信软件——以"千牛"为例

千牛是在线客服最常用的工具，使用千牛和买家沟通是完全免费的，不但沟通成本低，还很方便，消息字数也不受限制，买家可以在另一端随时操作付款。

🎧 客服范例

客服：亲在吗？您在我店购买的商品还没有付款哦。我看到您之前跟我们说需要发顺丰，想必您是非常着急用呢。现在付款，我们今天就可以给您用顺丰寄出了哦。

客户：嗯，是的。谢谢你哦。我本来打算明天出差用的。但是车票改到明早了，就算现在发货，明天也不一定能够收到了。

客服：您看这样，这款商品现在正是活动价，您也拍了，下次买就不一定可以享受现在的价格了。

客服：您看我给您两个方案，是否对您有帮助。

（1）您可以先付款，等您回来后，我们再给您发货。

（2）我们帮您修改地址，寄到您出差的地方。您看可以吗？

客户：哈哈，还可以这样啊，那还是等我回来后再帮我寄吧，还是原来的地址。我现在去付款。

使用即时通信软件的催付技巧如下。

（1）核对信息。以核对客户信息的方式进行催付，是一种不露痕迹的好办法。例如，客服人员可以说："亲，看到您上午拍了一件衣服，跟亲核对下地址……如果地址无误，亲支付后我们就可以马上安排发货，您明天就可以收到了。"

（2）发送系统消息。客服人员可以通过给买家发送有关"改价"的系统消息进行催付，成功率非常高。"改价"是指客服人员在买家拍下商品后修改运费和商品价格，改价页面既可以输入折扣减价或者涨价，也可以设置快递费用，修改完价格买家会接到价格已修改的提示。

即时通信软件的不足之处是当买家不在线时，无法保证买家能够及时收到客服人员发送的信息。因此，当买家不在线时，客服人员可根据实际情况选择短信或电话进行催付。

2. 短信

短信通常是由卖家发给买家的，而买家很少会回复短信，所以编辑的短信内容一定要全面，使买家一看就懂。由于短信字数有限制，催付短信内容除了包含店铺、产品、时间之外，字里行间还应包含一定的技巧。催付信息如果编写得太僵硬则会引起顾客的反感，因此要注意催付信息的语气。

🎧 客服范例

客服：您好×××，今天您在××店拍下的××产品，我们已经为您准备就绪了，您付款后就会立即发出了哦~祝亲购物愉快！如有打扰，请见谅。

客服：亲，非常抱歉打扰到您，方便的时候请尽快为您上午在本店精心挑选的××产品付款哦，活动期间赠品有限，欲购从速哦，付款后会尽快给您发货哦。【××旗舰店】

使用短信进行催付的技巧如下。

（1）在前七个字中出现卖家的名字，简明扼要，用一条信息表明店铺名字或购买的商品。

（2）根据客户群体特点选择发送时间，如对上班族适合午休、下班前发送，对学生适合在晚上10点前发送。注意发送短信的频率不要过高，以免引起客户反感。

在买家拍下商品未付款前，在淘宝卖家中心是看不到买家完整的收货信息及联系电话的，但是买家的电话号码可以在千牛软件里与买家交流沟通的界面中查看。

练一练 请用委婉、温和的话语编写两条催付信息。

3. 电话

对订单总额较大的客户，首选电话方式催付，因为电话沟通效果比较好，买家的体验感也比较高。但是，电话沟通的时间成本比较高，所以一般只对大额订单及老客户订单使用。如果是第一次网购的顾客，也可通过电话沟通的形式消除顾客的疑虑。客服人员电话催付前要先详细了解顾客信息，了解拍下的商品，便于沟通。使用电话催付时，客服人员要先自报家门，在交谈中，以买家为中心，礼貌亲切，表达清晰，让买家能够听清楚。

客服范例

客服：您好，请问是××吗？

客户：嗯，你是？

客服：我是××店的客服××，您昨天在我们店里拍下了××，但是还没有付款，请问有什么我可以帮您吗？

客户：哦，昨天我要付款时，手机出了些问题。我等下就去付款。

客服：好的，那感谢您对本店的支持，祝您购物愉快，再见。

使用电话进行催付的技巧如下。

提高声音各方面的感染力；面带微笑，语言表达平稳，即使对方看不到自己的表情，也可以感受到服务热情；发掘和有效利用自己的语言特点。

客服人员可根据情况合理使用以上三种常用工具,如买家在收货地址中只保留了座机号码,就只能选择即时通信软件或电话。当买家在线时,可首选即时通信软件进行催付。

(二)催付的注意事项

在催付过程中要注意以下事项,否则会适得其反。

(1)客服要根据顾客的下单时间来选择一个恰当的时间催付,这样更易提高成功率。客服可在顾客下单后进行在线催付,也可在第二天的同一时间进行催付。表6-1所示为催付时间参考表。

表6-1 催付时间参考表

下单时间	催付时间
11:00	当日15:00前
15:00	当日发货时间前
22:00	次日中午前/下午上班前
00:00后	次日12:00后
购买两次以上商品的买家	拍下48小时后

(2)不要用同一种工具重复催付,要善于切换催付工具,如买家不在线、千牛没有回复时,可换一种沟通工具联系买家。

(3)催付的频率不要太高,要把握分寸。如果买家实在不想付款,就等待买家下次光临,不要穷追不舍、过度营销。

(三)协助客户网上支付

催付信息发送以后,要关注顾客的反馈。客户不付款的原因可能是不熟悉网上付款的流程,或者在付款的过程中出现问题,客服需要对买家进行网上支付的操作指导,以图文帮助买家付款。

客服范例

客户:您好,我付不了款,您可以帮一下我吗?

客服:请按照以下步骤操作。

(1)点开"我的淘宝"—"已买到的宝贝",选择需要付款的订单,如图6-1所示。

(2)核对价格,选择付款方式,输入密码完成付款,如图6-2所示。

第六章 订单处理

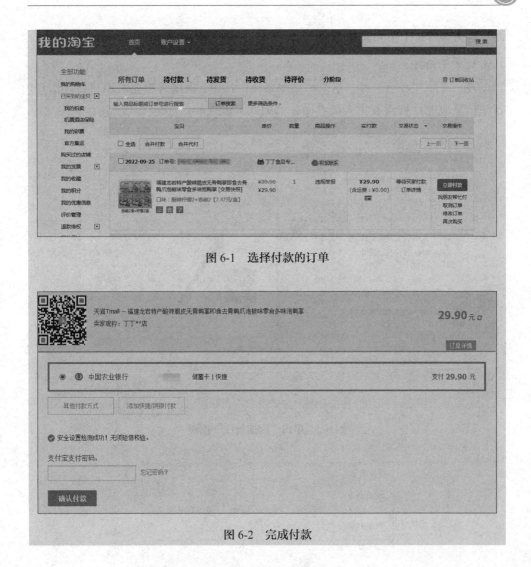

图 6-1 选择付款的订单

图 6-2 完成付款

第二节 后台处理

在订单处理阶段，往往要伴随一些后台处理，如添加备注、修改运费、合并与拆分订单等活动。这些活动可通过网站的工作平台来处理。

一、订单备注

下面以阿里巴巴平台为例，学习一些后台处理的操作方法。订单备注可以在两个地方操作：千牛和卖家中心。

1. 千牛备注

在"千牛工作台"中，单击"添加备注"按钮，根据客户要求填写备注信息。备注信息应能让物流发货人员看懂，如图 6-3 和图 6-4 所示。

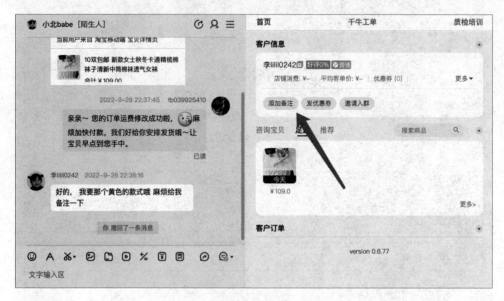

图 6-3　单击"添加备注"按钮

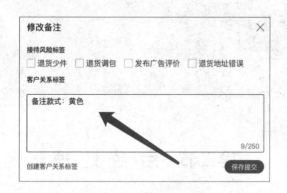

图 6-4　填写备注信息

2. 后台备注

在卖家中心的"已卖出的宝贝"页面，每个订单的右上角都有一个默认的灰色旗子，如图 6-5 所示。

图 6-5　已卖出的宝贝

单击灰色旗子，进入备注页面，填写备注内容，如图 6-6 所示，选择旗子颜色，单击"确定"按钮即可。

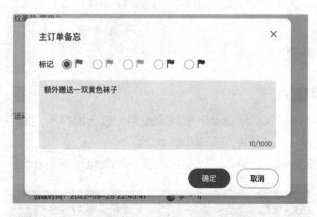

图 6-6　填写备注内容

二、修改运费

网络购物常涉及运费问题。一般情况下，客户会咨询客服是否包邮。但是，有时候因为后台设置问题，客户购买多样商品，运费会自动叠加，导致运费虚高。这种情况下，客服需要修改运费。

"千牛工作台"中有"改价"功能。"改价"可以修改运费，甚至可以修改价格，客服人员可以灵活运用，如图 6-7 所示。

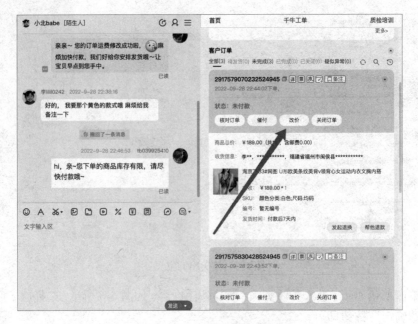

图 6-7　修改价格

三、订单的处理

（一）订单的合并

如果顾客在同一家店铺连续下了两个或两个以上的订单，收货地址完全一致，就可以合并订单，一起发货，具体步骤如下。

（1）进入卖家中心，单击"已卖出的宝贝"按钮，如图 6-8 所示。

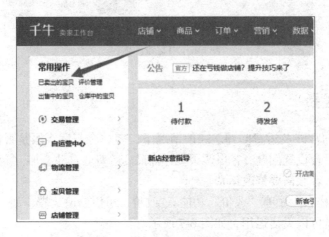

图 6-8　单击"已卖出的宝贝"

（2）进入"卖家订单中心"，找到需要合并为一个订单发货的多个订单。勾选订单号前面的方框，然后单击页面上方的"批量发货"按钮，如图6-9所示。

图6-9　单击"批量发货"

（3）在发货界面选择"自己联系物流"，然后单击物流公司的下拉箭头选择需要的快递公司并输入该快递公司的订单号码，如图6-10所示。

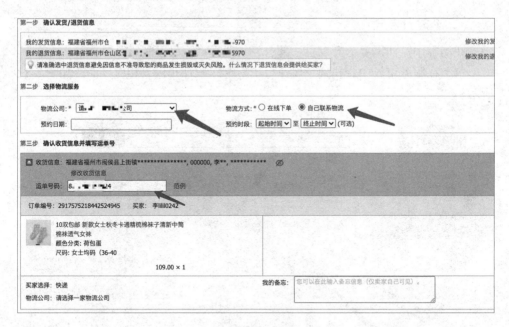

图6-10　选择物流并填写运单号

（4）单击页面底部的"批量发货"按钮，便可以将多个订单合并为一个订单发货，如图6-11所示。

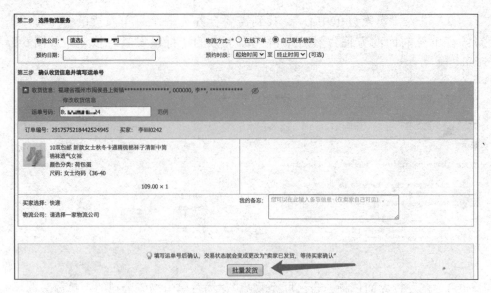

图 6-11 单击"批量发货"

(二)分开发货

在淘宝中,如需要分开发货、部分发货或选择商品发货,其具体步骤如下。

(1)在服务市场中,找到"风速打单"打印软件,进入相应界面,如图 6-12 所示。

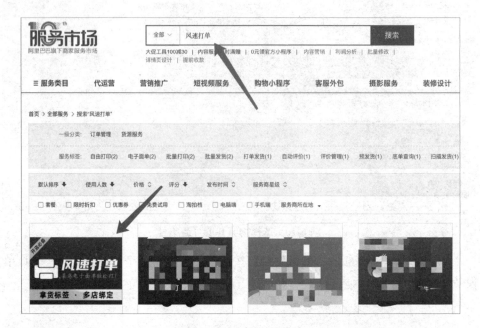

图 6-12 找到打印软件

（2）进入软件顶部，单击"待发货"按钮，找到要分开发货的商品订单，选择打印机，单击"打印快递单"完成打印，如图6-13所示。这时，点击"选中商品发货"，后台就可以同步发货了。

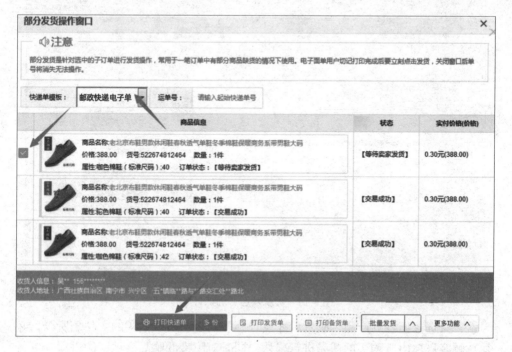

图6-13　单击"打印快递单"按钮

第三节　编写告别信息

一、确认订单

在顾客已下单并完成付款后，不要急着关闭与该顾客的对话框。为了避免出现售后问题，客服人员需要对每一笔付款订单进行确认。

在实际工作中，客服人员不仅要核对收货地址，还要核对产品信息，如图6-14所示。订单信息核对错误不仅会造成售后问题，还可能出现触犯规则的情况。因此在订单确认过程中，需要分以下两步来完成工作。

（一）对产品细节进行确认

个别顾客在购买产品时只看产品图片大致相同、价格不同时，就会忽略其他

图 6-14 卖家发送"确认订单"

因素，只选择便宜的产品，收货后才发现并非是自己所要购买的产品。所以，必须对顾客订单内所购买的产品进行确认，同时对附带的赠品、承诺的事项等进行确认，如图 6-15 所示。这样既可避免因顾客购买出现差错而造成退换货，也可提醒在线客服所承诺的内容是否有备注，以免形成"违背承诺"的投诉。

图 6-15 买家收到"确认订单"

（二）对物流信息进行核对

客服还应对顾客的地址信息进行核对，确保顾客所选择物流或店铺推荐的物流可以到达顾客所指定的收货地址。在交易过程中，如果对物流做出了特殊的约定，可一并处理，进行相应的备注。如果顾客提出对收货地址进行变更，在线客服除了要及时进行收货地址的修改外，还应更加仔细地核对地址变更后收货人姓名及电话号码，避免出现差错而导致延误投递或产品被退回的情况。

使用"千牛工作台"的客服人员可单击"订单"，找到"地址"并单击"发送地址"，对话框中会出现顾客的地址信息，加上一句"亲，请您核对订单信息"，就可以完成订单的确认工作了。如图 6-16 所示。

图 6-16　买家核对订单

在服务中多出一份细心、耐心，便可大幅减少退换货等售后问题，客服人员不要贪图一时方便，而漏掉工作中的细节，否则会给自己的后续工作带来更多的麻烦或不可弥补的损失。

二、礼貌告别

与顾客进行订单确认后，为了给顾客留下美好的印象，客服还需要与客户进行礼貌告别。礼貌告别流程如图 6-17 所示。

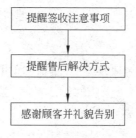

图 6-17　礼貌告别流程图

编写告别信息可以包括提醒顾客查收货物、祝福语、欢迎顾客下次光临等内容，如图6-18所示。愉快告别之后，买卖双方可体验到一种和谐的共赢之感。

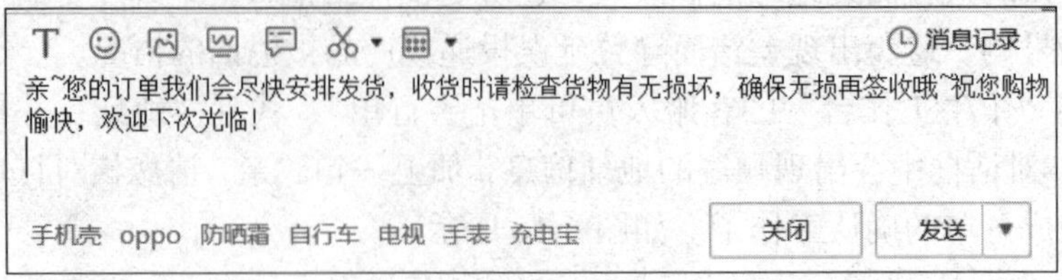

图 6-18 提醒顾客查收货物

练一练 请编写两条告别信息。

实践练习

一、单选题

1. 下列不是客服催付的常用工具的是（　　）。
   A. 电话　　　　　B. 书信　　　　　C. 即时通信软件　　D. 短信
2. 下列网上购物交易平台中，不能拆分订单的是（　　）。
   A. wish　　　　　B. 速卖通　　　　C. ebay　　　　　D. 淘宝

二、多选题

1. 消除顾客对价格的疑虑，可采用（　　）方法。
   A. 不予搭理　　　B. 保持原则　　　C. 比较法　　　　D. 转移焦点
2. 客服催付的工具常用的有（　　）三种。
   A. 即时通信软件（如千牛）　　　　B. 短信
   C. 电话　　　　　　　　　　　　　D. 电子邮件
3. 促成交易包括（　　）。
   A. 消除顾客疑虑　　　　　　　　　B. 适时提醒
   C. 跟进客户　　　　　　　　　　　D. 催付

三、判断题

1. 客服要根据顾客的下单时间选择一个恰当的时间催付，以便提高成功率。
   （　　）
2. 如果买家实在不想付款，就等待买家下次光临，不要穷追不舍、过度营销。　　　　　　　　　　　　　　　　　　　　　　　　　（　　）
3. 对订单总额较大的客户，首选短信方式催付，因为电话沟通效果比较好，

买家的体验感也比较高。   (   )

4. 顾客如果在同一家店铺连续下了两个或两个以上的订单,收货地址完全一致,就可以合并订单,一起发货。   (   )

5. 在实际工作中,在线客服不仅要核对收货地址,还要核对产品信息。(   )

四、简答题

1. 如何消除顾客对商品的疑虑?

2. 客服催付的工具一般有哪些?

五、技能实训

1. 一家网店,有一位顾客收藏了多件全羊毛大衣,也多次进店咨询客服人员,却一直没有下单。如果你是该店的客服人员,应如何消除该顾客的疑虑,促成交易。

2. 两人一组,一人扮演顾客,另一人扮演客服人员,在即时通信软件中模拟礼貌告别情境。

第七章 打包发货

学习目标

★ **知识目标**

1. 了解常见的物流、快递公司。
2. 掌握快递公司运费核算方法。
3. 认识不同种类的包装材料。

★ **技能目标**

1. 能根据快递公司的运费表核算运费。
2. 能填写和打印运单。
3. 能选择恰当的包装材料包装货物。
4. 能在线跟踪物流并处理好物流异常订单。

★ **素质目标**

1. 培养效率与质量并重的物流意识。
2. 培养严谨、细致、实事求是的职业态度和职业素养。

第七章 打包发货 125

本章知识结构图

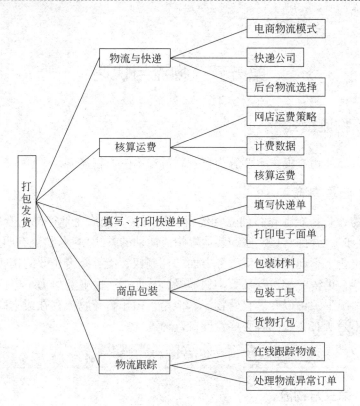

案例情景

来自福州市的刘先生在10月15号致电某网店，反映其于10月10号在该店购买了一台洗衣机，当时承诺的送货时间为10月13号，但是刘先生等了一天也没有师傅与其联系，随后刘先生致电该网店。该网店客服正常解释安抚，告知10月14号给其送去，刘先生表示认可，但是10月14号顾客等了一天还是没有收到货。刘先生表示在10月15号再次致电该网店，受理客服在接到电话后第一时间联系了当地的物流经理。经理不禁纳闷：客服对客户的住址和联系方式确认无误了吗？责任全在我物流公司吗？

理论研习

在实际工作中参与打包发货能够使网络客服人员对物流活动有一定的认识，

以便客服能更好地回答客户关于物流的疑问。而要完成打包发货工作，需要选择快递公司、核算运费，根据客户基本信息填写、打印运单，包装商品，并对物流进行跟踪等。

第一节　物流与快递

一、电商物流模式

目前电商的物流模式主要分为自营物流和第三方物流。

（一）自营物流

自营物流是指企业自行建立和经营物流系统，完成企业产品的仓储、配送、运输、流通加工、分拣、包装、搬卸装运等物流活动的方式。自营物流有明显的优势，它能够让企业牢牢地把握物流服务方面的控制权，能够结合企业的销售系统，使企业在生产、销售、配送等环节沟通顺畅，从而提高企业竞争力。电商企业在规模较大的情况下，可以开展自营物流。但是，由于自营物流存在成本高、建设难的问题，不是所有企业都有必要发展自营物流。

> **练一练**　　上网查一查，开展自营物流的电商企业有哪些。

（二）第三方物流

第三方物流是指由除了"收货人"和"发货人"外的物流企业提供专业物流服务的物流运作方式。第三方物流相对自营物流来说具有专业化程度高、成本较低的优势。规模较小的电商企业一般都采用第三方物流。电商企业常用的第三方物流有邮政、快递、物流托运三种方式。其中，快递是网络店铺最常使用的方式，国内有许多快递公司可供选择。

> **想一想**　　如果你在网店售卖日用品，会选择哪一种物流方式？

二、快递公司

店铺选择合适的快递公司可以使经营更顺畅，如果只追求费用低而选择一些不负责的快递公司，商品在运输途中出现问题的可能性会很大，导致客户不满意及客户流失。因此，选择好的快递公司非常重要。

（一）选择快递公司的考虑因素

（1）企业规模与品牌是选择快递重要的因素，商家应该尽量选择知名物流品牌。

（2）快递公司的网络联通及营业网点分布情况也十分重要。全国自营的营业网点分布合理、密集度高，可以给客户带来最直接的便利，商家可以在官网查询相关信息，如图7-1所示。

图7-1　快递网点查询

（3）此外，还要考虑快递公司是否提供各种附加服务，如保价运输、代收货款、包装、上门取货、送货上门、签收回单等。目前，顺丰速运主打免费上门取货、免费送货上门，其他服务也比较丰富，有一定优势。

（4）运作质量是指对破损率、丢失率、签单返回率、发车（到货）准点率等有严格的指标把控，商家可从网上查看快递公司的这部分信息作为参考。

（5）快递公司的时效与安全性关乎商品能否及时无误地送至顾客手中。所选快递要做到准时发车、准时到达、准时配送。目前，顺丰速运实际"收二发四"，即两小时内上门收货，四小时内送达。

（6）看价格。

（二）常见的快递公司

中国快递企业分为三类：第一类是外资快递企业，包括联邦快递（FEDEX）、敦豪（DHL）、天地快运（TNT）、联合包裹（UPS）、高保物流（GLEX）等；第二类是国有快递企业,包括中国邮政(EMS)、民航快递(CAE)、中铁快运(CRE)等;第三类是大型民营快递企业,包括顺丰速运、宅急送、申通快递、韵达快递、圆通快递等。

常见快递公司及特点如表7-1所示。

表7-1 常见的快递公司及其特点

快递公司名称	特　　点
中国邮政速递(EMS)	国有性质,网点遍布全国各城市、乡镇,服务质量在不断提高,寄送速度较快,可运输国际快递
顺丰速递	服务有保障,可以采用空运,速度很快,价格较高
圆通快递、中通快递、申通快递	价格便宜,速度快,服务质量一般,网络在中部地区较完善
韵达快递	服务网络较全,派送范围广,价格便宜
德邦快递(FEDEX)	大件商品快递,小件商品较贵,服务较好
敦豪(DHL)	国际快递,国际网络覆盖广,服务好

练一练 上网查一查还有没有其他快递公司?这些快递公司有什么特点?

三、后台物流选择

客服人员需要在网店后台对物流方式进行选择。这样能够方便客服了解订单进度,客户也能通过平台关注到商品的物流动态。下面以淘宝平台为例,演示淘宝网店后台物流的操作步骤。

(一)找到发货

在淘宝后台,通过路径"我的淘宝"→"我的卖家"→"已卖出的宝贝"→"发货",进入与物流相关的操作。

(二)选择物流方式

淘宝后台有在线下单、自己联系物流和无须物流3种方式可供选择。客服可以根据订单实际情况进行选择。

1. 在线下单

页面会列出推荐的物流企业,商家选择后可以预约快递员上门并在快递员取货后录入运单号码。

2. 自己联系物流

卖家可选择"自己联系物流",在"自己联系物流"页面填写该物流的快递详情单,并把相应的快递单号录入系统后台即可。

3. 无须物流

无须物流的情况仅限于销售虚拟商品。

第二节 核算运费

一、网店运费策略

(一) 满额全国包邮

只要订单符合包邮额度要求,就可以享受包邮政策。与实体店购物相比,邮费是网上购物不可忽视的一项成本。支付邮费会使买家产生错觉,认为网上购物的成本比实体店高,不如到实体店购买。因此,"全国免费包邮"成了很多网店首选的促销方式。对"全国免费包邮"的商品,客服人员无须另外核算订单运费。

(二) 有限制满额包邮

有限制包括地区限制、快递公司限制、续重限制等。某网店的策略是"速冻百香果原浆,24省3瓶包邮,顺丰速运",其中就包含了快递公司限制以及地区限制,如图7-2所示。

图7-2 有限制满额包邮

 想一想　"包邮"策略为什么会有地区限制和快递公司限制?

（三）按运费模板收费

网店根据快递公司的价格标准，在后台设置运费模板，买家购买商品自动计算运费。但有些后台设置不完善，不能按重量设置运费，这会导致客户购买多件商品后，运费虚增，客服人员需要自行根据货物重量修改运费。

二、计费数据

（一）运费计算术语

1. 计费重量单位

快递行业一般以每 0.5kg 为一个计费重量单位。

2. 首重与续重

国内快递货品一般以第一个 1kg 为首重（或起重），而国际快递货品的首重一般为 0.5kg；国内、国际快递货品每增加一个 0.5kg 皆为一个续重。通常首重的运费相对续重运费较高。

3. 实际重量与体积重量

需要运输的一批物品包括包装在内的实际总重量级称为实际重量；当需寄快递物品体积较大而实重较轻时，因运输工具（飞机、火车、船、汽车等）承载能力及能装载物品体积所限，需量取物品体积折算成重量作为计算运费的重量，称为体积重量或材积。

4. 计费重量

根据实际重量与体积重量两者的定义与国际航空货运协会规定，货物运输过程中计收运费的重量是按整批货物的实际重量和体积重量两者之中较高的计算。

5. 包装费

一般情况下，快递公司可提供免费包装，提供纸箱、气泡等包装材料，但对一些贵重、易碎物品，快递公司需要收取一定的包装费用。包装费用一般不计入折扣。

（二）快递公司价格

如果网店与快递公司合作，每个快递公司会给出到达不同地区的首重、续重收费，有些快递公司还可以给折扣，这些快递公司的价格表就是客服人员进行运费计算的依据。各个快递公司收费规则不同，网店固定与某一快递公司合作，可以得到较大的价格优惠。

三、核算运费

运费核算有两种方法：一是根据通用公式计算；二是使用网络工具查询。根据目前各大快递公司的价格表，用公式计算的运费较为准确，而使用网络工具查询较为快捷。

1. 通用公式计算运费

（1）写出通用公式，公式为

运费 = 首重运费 +（计费重量（kg）×2－2）× 续重运费

例如，将 5kg 货品按首重 12 元、续重 5 元计算，则运费总额为

12 +（5×2－2）×5=52（元）

（2）确定计费重量。计费重量可能是实际重量，也可能是体积重量。货物运输过程中计收运费的重量是按整批货物的实际重量和体积重量中较高的一项进行计算。体积重量的计算公式为

体积重量 = 长（cm）× 宽（cm）× 高（cm）÷6000

从体积重量的计算可以看到，如果 1kg 的货物体积超过 $6000cm^3$，则以体积重量为计费重量。

（3）查询"快递价格表"根据发货地和收货地查询快递首重运价和续重运价，代入公式就能计算出所需运费。

2. 网络工具查询运费

除了根据快递公司提供的运费价格表进行常规快递运费的计算外，还可以通过网上快递运费查询综合平台对运费进行查询。这些平台方便快捷，并且可对比多家快递公司的价格，如查快递网就是众多综合查询平台中的一种，如图 7-3 所示。

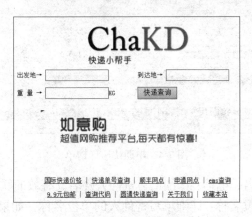

图 7-3　网络工具查询运费

第三节　填写、打印快递单

在最初阶段，网店发货都是由客服人员手工填写快递单。后来，随着发货量的增加，人工填写快递单效率太低，就使用起了电子面单。

一、填写快递单

快递单就是快递详情单，用于记录快件原始收寄信息及服务约定的单据。一般材质为不干胶复写纸，填写一次可复写成一式多联，寄运快件前粘贴在所寄商品的外包装的显眼处。

（一）普通快递单

手工填写快递单一般要求使用圆珠笔或签字笔填写相关信息，要求信息完整，字迹清晰。当网店快递单较多时，也可以采取打印机打印快递单。由于各个快递公司的快递单大同小异，下面以申通快递的详情单为例来说明快递单的规范填写，如图7-4所示。

图7-4　申通快递详情单

（1）寄件人姓名、电话：详细填写寄件人姓名、有效的联系电话。

（2）寄件人单位名称：详细填写寄件人的单位名称，如果是个人地址，则无须填写。

（3）寄件人地址：详细填写寄件人单位或个人地址、邮政编码，如有用户代码，应填写。(为使邮件安全迅速传递，应详细、准确填写此项。)

（4）内件分类：注明邮件的内件性质。

（5）内件品名：注明内装物品的具体名称。

（6）数量：注明内装物品的具体数量。

（7）保价栏：如需保价，选择此项并注明需保价的金额，最高不应超过十万元人民币。

（8）交寄人签名：交寄人确认所填写内容，认可详情单背面使用须知后签名。

（9）收件人姓名、电话：详细填写收件人姓名和有效的联系电话。

（10）收件人单位名称：详细填写收件人的单位名称。如寄往收件人的个人地址，则无须填写。

（11）收件人地址：详细填写收件人的单位或个人地址、邮政编码及相应的城市名。(为使邮件安全迅速传递，详细、准确填写此项。)

（12）收件人签名：收到邮件时签名(章)确认并填写具体收到邮件的日期、时间。若是他人代签收，签名(章)后，还需注明有效证件名称、号码和代收关系。

（二）快递单号

每张快递单都会被分配一个独一无二的编号，该编号用于查询状态及跟踪物流情况。网店客服人员在填写好快递单后，必须记录相应的快递单号，便于物流跟踪。

（三）快递单分联

一般快递单都是一式四联：第一联是收件存根联，收件快递员留存，用于信息录入；第二联是派件存根联，在派件快递员派件完成后由客户签字回收留存的；第三联是收件客户存根联，收件人存留的；第四联是寄件存根联，寄件人存留的。网店客服人员填写好快递单后，贴在快件上。收寄业务员填写好相应栏目后，应取出第四联交给寄件人留存。客服人员应按照规定整理并保存好快递单。

二、打印电子面单

（一）电子面单简介

随着时代的发展，快递公司向网店推出了电子面单服务。电子面单服务是由快递公司向卖家提供的一种通过热敏打印输出纸质物流面单的物流服务。各个快递公司的电子面单规格大小相同，只是所填内容有少许差异。下面以顺丰速运的电子面单为例，介绍电子面单的基本格式，如图7-5所示。

图7-5　顺丰速运电子面单

电子面单是使用热敏纸通过热敏打印机进行打印的面单，只有上下联，没有纸质底单，只有电子存根。与传统快递单相比，电子面单信息更为完善，打单快、发货快，订单处理效率比较高，而且成本低。

（二）电子面单的开通使用

使用电子面单需要先进行申请，由快递公司审批后方能使用。商家可以先与合作的快递网点沟通，确认该网点支持电子面单服务，并且符合其服务要求。下面以顺丰电子面单服务为例，说明电子面单的开通与使用。

（1）打开千牛工作台，选择物流管理，如图7-6所示。

（2）单击"电子面单平台"，如图7-6所示。

（3）找到顺丰，单击"申请"按钮，如图7-7所示。

（4）新建发货地址，如图7-8所示。

（5）联系快递公司进行审核，如图7-9所示。

（6）单击"我的服务商"按钮，查看审核结果，如图7-10所示。

第七章 打包发货

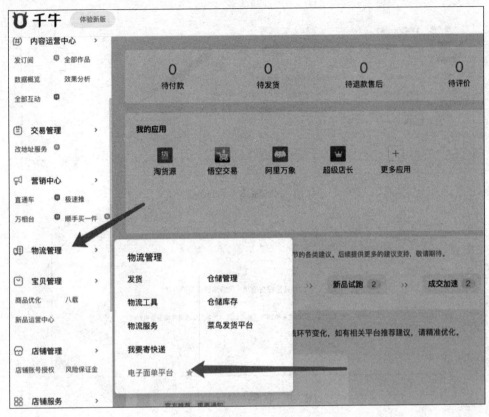

图 7-6 单击"电子面单平台"

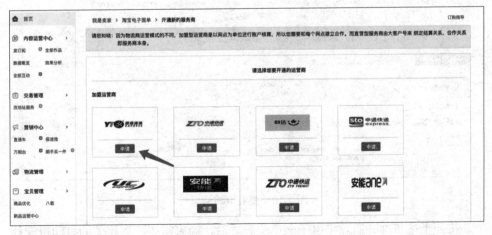

图 7-7 单击"申请"按钮

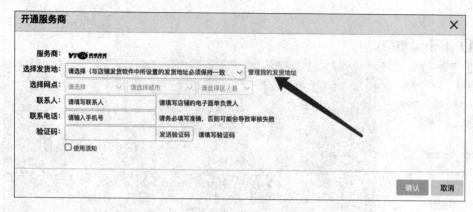

图 7-8 新建发货地址

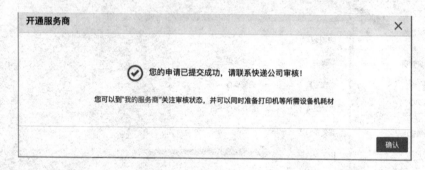

图 7-9 联系快递公司审核

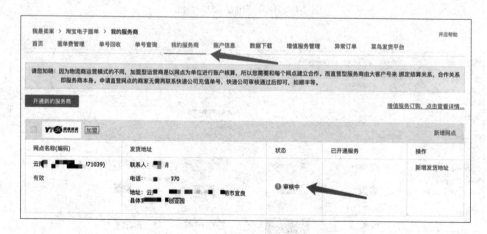

图 7-10 查看审核结果

按照上述步骤开通顺丰电子面单服务之后，商家需要配置相关的打印机和耗材，经打印测试后，便可在线打印电子面单。

第四节 商品包装

在发货前进行的商品包装是指商家为了商品的运输安全,对商品进行二次包装。商品包装影响着商品能否完好无损地送到买家手中。如果因包装不当而导致商品在运输过程中损坏,那么除了商品损失外,客户对商品和商家的满意度也会大打折扣,可能会给店铺差评,影响店铺的声誉。因此,商家要重视商品包装。

一、包装材料

(一)外包装材料

1. 袋子

外包装袋子常用的有编织袋和塑料包装袋,如图 7-11 和图 7-12 所示。编织袋防污且成本低;塑料包装袋耐磨防水。袋子适合装书、衣服、棉被、棉花、粮食等耐压物品,如需防潮,袋子里面可以加一层塑料薄膜。

图 7-11 编织袋

图 7-12 塑料包装袋

2. 纸箱

网店一般使用比较抗压的瓦楞纸箱,如图 7-13 所示。

图 7-13 纸箱

3. 纸袋

纸袋包括牛皮纸、快递信封袋等。印刷品可以用牛皮纸包起来，文件、光盘、卡等轻薄的商品可以使用快递信封袋包装，如图7-14和图7-15所示。

图7-14　牛皮纸

图7-15　快递信封袋

（二）填充层包装材料

填充层包装材料最常用的有报纸、废纸等，这些材料容易获得，质量较轻，并且有一定的吸湿性。另外，还有一些其他的填充材料。

1. 珍珠棉

玻璃制品、手机、数码产品等商品经常使用珍珠棉包装填充，珍珠棉可以起到防刮、防潮、防震的作用。珍珠棉的厚度多为0.5~6cm，薄的可以拿来包裹，厚的可以用来切片、做模。如图7-16和图7-17所示。

图7-16　薄珍珠棉

图7-17　厚珍珠棉

2. 气泡膜、气囊

气泡膜是在商品包装中防震、防压、防刮的常用材料，适用于电子数码产品、化妆品、工艺品、家电家具、玩具等价值高且易碎的商品，如图7-18所示。气囊多用于灌装产品的包装，包裹性好，方便打包，如图7-19所示。

图 7-18 气泡膜

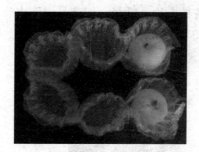
图 7-19 气囊

3. 冰袋

冰袋主要用于生鲜易腐品、生物制剂及所有需要冷藏运输的产品,在物流运输中,冰袋有一定的降温作用。快递中使用的冰袋分为一次性冰袋和可重复使用冰袋两种,如图 7-20 所示。

图 7-20 冰袋

(三)内包装材料

1. PE 自封袋

PE 自封袋是常用的内包装材料,可以防潮防水、避免物品散落,一般用于包装纽扣、螺丝、小包装食品、服装等商品,如 7-21 所示。

2. 热缩短膜

热缩短膜是一种遇热就会缩短的薄膜,适用于自产食物、小玩具等商品的包装,如图 7-22 所示。

(四)附加包装

部分注重品牌口碑的网店会在包装盒内放置一些附加包装材料,包括包装内的各种卡片、纸张，如产品说明书、售后服务卡、给客户的信、促销单等，如图 7-23 所示。

图 7-21　PE 自封袋

图 7-22　热缩短膜

图 7-23　附加包装

> **练一练**　选择一家网店，为它设计一份网店售后服务卡。

二、包装工具

商品包装时会用到一些工具，如透明胶带封箱器、手动打包器等。客服人员为熟悉各类工作，也有必要掌握这些工具的使用方法。

(一)封箱器

封箱器是一个简单的工具,有了它可以大幅加快封箱的速度并美化封箱效果。封箱器的操作方法如图 7-24 所示。有些发货量较大的网店会使用自动封箱机进行封箱,这种封箱机容易上手,使用起来十分便捷,有的机器还可以一次性完成上、下封箱动作。

1. 下压推杆至锁定孔　　2. 拉出胶带放进滚筒

3. 安装锁紧杆　　4. 将锁紧杆松开固定胶带　　5. 向下按压,轻松切断胶带

图 7-24　封箱器的操作方法

(二)手动打包器

手动打包器主要用于各种货物的捆扎,需要配合订包带使用,如图 7-25 所示。使用手动打包器时,首先用订包带缠绕货物,然后操作拉紧器收紧打包带,用咬扣器压紧打包扣完成捆扎工作。这种打包方法便于商品的搬运。

图 7-25　手动打包器

练一练　　三人一组练习商品包装。

三、货物打包

(一)包装的基本原则

产品的包装要符合科学、经济、美观、适销、环保的原则,其外包装、内包装和填充层包装材料是相互影响、不可分割的一个整体。产品包装有以下原则。

(1)包装是生产经营系统的一个组成部分,过分包装和不完善包装都会影响产品的销售。

（2）产品是包装的中心。良好的包装能为产品增加吸引力，但是再好的包装也掩盖不了劣质产品的缺陷。

（3）经济包装应以最低的成本为目的。

（4）包装必须标准化。

（5）节约有限资源，使用合适的包装。防止污染物超标，促进降解和易回收材料的应用，实行绿色包装。

（二）隔离防震

在纸箱和货物之间的空隙放置一些填充物，目的是给货物多一层保护，避免货物在纸箱里左右摇晃，减少因长途运输而产生的物损，增强物流的安全性。然而，填充物会影响运输重量，增加邮寄费用，因此，要选择成本低、效果好的纸箱和填充物。

（1）纸箱的尺寸应该比货物的外形尺寸略大，这样才能留出足够的缓冲空间来放置填充物，达到良好的隔离和防震效果。

（2）填充物的选择标准是体积大、重量轻。如报纸团、海绵、白色硬泡沫、气泡膜、珍珠棉等都是很好的填充材料。

（三）打包要点

给货物打包是一项简单工作，但是随意包装和规范打包之间会有很大差异。下面以纸箱为例，介绍货物打包时应注意的事项。

1. 商品与纸箱之间留有空间

商品和纸箱内壁的四周应预留 3cm 左右的缓冲空间，并用填充物将商品固定好，以达到隔离和防震的目的。

2. 填充严密

用填充物塞满商品和纸箱之间的空隙，使纸箱的任何一个角度都能经得起外力的冲撞。

3. 封箱牢固且严实

纸箱的所有边缝都要用封箱胶带密封好，这样既可以防止商品泄漏和液体浸入，也可以起到一定的防盗作用。

4. 贴好防盗封条

安全工作可以从纸箱内部延伸到外部。在纸箱封口处贴上 1~2 张防盗封条，可以起到一定的警示和震慑作用，有效防止内件丢失。防盗封条可以自己制作，也可另行购买。

第五节 物流跟踪

一、在线跟踪物流

客服人员在将商品打包寄给快递公司之后，可以对订单进行跟踪与查询，以确认商品是否安全地到达顾客的手中。客服人员可以根据电商平台更新的内容进行查询，也可进入快递公司官网输入快递单号进行查询。

（一）通过相应快递公司的官网查询

客服人员登录快递公司网站，在快件查询框中输入快件运单号，一个运单号对应一个快件，即可查询快递的状态。如图 7-26 所示。

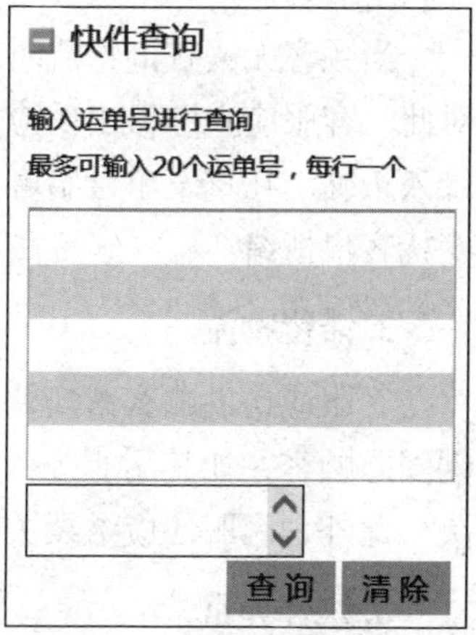

图 7-26　快递快件查询窗口

（二）通过百度查询物流进度

客服人员可以在百度页面上直接查询各家快递的物流进度，而无须登录具体的快递公司的网站。在百度搜索栏输入快递名称，然后单击"百度一下"按钮，即可出现"快递单号查询"对话框，在快递单号中输入单号，即可实时查看物流状态，如图 7-27 所示。

图 7-27　百度快递查询

二、处理物流异常订单

物流异常订单一般可分为三种类型。

1. 顾客无法查询物流

当顾客无法查询物流时,就会对店铺是否发货产生怀疑,继而产生抱怨情绪。对此,客服应立即做出反应,为顾客登录快递公司网站查询,或者核对单号是否录入正确。在重发单号给客户的同时,最好直接截取物流进度的图片给客户,以安抚客户情绪。

2. 滞留物流

客服应协助顾客落实快件滞留的原因,可主动电话联系快递公司,如无异常则安慰顾客,让其耐心等待。若有异常则如实反馈给客户并积极协调物流公司解决。此外,客服还应继续关注,主动给客户提供物流跟踪信息。

3. 快件异常

当查单查件发现快件出现异常时,如发往地址错误、非本人签收等,则应查明原因,尽快处理。如果无法查明原因,可考虑尽快给顾客再发件。

(1)疑难件无法派送。在快递派送过程中,由于联系不到顾客、地址错误等原因,快件无法送至顾客手中,而顾客长时间收不到快件便会咨询客服。此时,客服要注意及时收集买家的更新信息,如确认手机号码、核准收件地址,以及明确可收快递时间等,并及时反馈给快递公司,督促其及时送件。

(2)非本人签收。遇到这种情况,在线客服需要表明负责的态度,向客户说明这是常见的问题(有可能是送到物业或门卫处),然后积极联系快递公司,查询实际收件人,并对买家做出反馈。

(3)超区件无法派送。有些买家所在地址相对偏远,因而没有设置物流配送的服务网点,且未开通快递送货上门服务。面对这种情况,客服可与买家协商解决这些细节:①是否可以加钱送货或转其他快递。②客户是否可以自提货物。

(4)快递丢失或破损。快件在运送过程中丢失或破损,容易引起客户急躁不满的情绪。这时客服首先要安抚顾客情绪,然后及时和快递公司确认情况,并做好后续的补救工作。

虽说处理物流问题涉及快递公司,客服往往是力不从心,但是,为了保障客户的购物体验,应该安抚客户情绪,避免买卖纠纷发生。

实践练习

一、单选题

1. 当邮寄的快递物品体积较大而实重较轻时,因运输工具(飞机、火车、船、汽车等)承载能力及能装载物品体积所限,需量取物品体积折算成重量的办法作为计算运费的重量,称为(　　)。

　　A. 体积重量　　　B. 实际重量　　　C. 计费重量　　　D. 材积重量

2. 主要用于各种货物的捆扎,配合使用打包带,目的是便于商品的搬运的包装工具是(　　)。

　　A. 封箱器　　　B. 手动打包器　　　C. 拉紧器　　　D. 咬扣器

二、多选题

1. 电商物流模式主要分为(　　)。

　　A. 自营物流　　　B. 绿色物流　　　C. 回收物流　　　D. 第三方物流

2. 以下(　　)是使用第三方物流的优势。

　　A. 牢牢控制物流活动各个环节

　　B. 专业化程度高

　　C. 成本较低

　　D. 直接接触客户,把握顾客需求和市场动向

3. 商品外包装材料——袋子适合装运以下(　　)商品。

　　A. 书籍　　　B. 衣服　　　C. 花瓶　　　D. 粮食

4. 包装分为(　　)几个部分。

　　A. 外包装　　　B. 填充层　　　C. 内包装　　　D. 附加包装

三、判断题

1. "无须物流"出现的情况仅限于销售鲜活商品。(　　)

2. 国内快递货品一般以第一个1kg为首重(或起重),每增加一个0.5kg皆为一个续重。(　　)

3. 计费重量可能是实际重量,也可能是体积重量。(　　)

4. 只要尺寸合适,纸箱可以作为所有商品的外包装。(　　)

四、简答题

1. 货物打包时应该注意哪些事项?

2. 快件异常包括哪几种情形?

五、技能实训

有客户订单信息如下：某客户购买商品中3件，毛重约2kg，收货地区是福建省南平市浦城县。另外，经查询，该客户购买的3件商品都可以从湖南省怀化市仓库一起发货。要求3位同学一组通过多种渠道核算运费，比较得出最经济的运费方案，分工如下。

A同学查找顺丰速运的"快递价格表"，并根据订单信息计算运费。

B同学查找圆通快递的"快递价格表"，并根据订单信息计算运费。

C同学通过"查快递"网站查询快递费用。

对结果进行比较，得出最经济的运费方案。

第八章 售后服务

学习目标

★ 知识目标

1. 了解退换货的处理流程和注意事项。
2. 掌握处理客户中差评的技巧以及应对恶意评价的办法。
3. 掌握纠纷的各种类型和处理办法。
4. 了解售后交接表的制作。

★ 技能目标

1. 能在后台熟练处理退换货的操作。
2. 能灵活处理各种交易纠纷。
3. 能进行工作的交接,制作售后交接表。

★ 素质目标

1. 培养团队合作的工作意识。
2. 培养耐心、细致的工作态度。
3. 培养在遇到问题时,积极面对,积极寻求解决途径的工作意识。

本章知识结构图

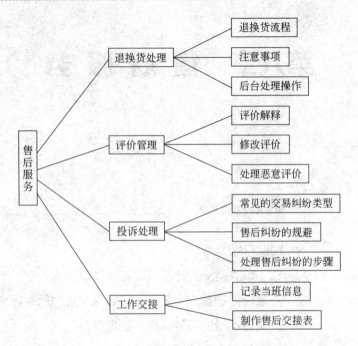

案例情景

小张在某网店购买了一条裙子,支付完毕后,等待发货。但是过了好几天,小张依然没有收到货,于是她查看了一下物流信息,发现该商品在某地兜转了多日。于是,她通过即时通信软件跟客服沟通,客服告诉她再等几天。两天后,她再次查看物流,发现该商品还没有到达她所在的省份,而收货时限马上就要到了。小张又急又气,但因工作繁忙,没有再去跟客服沟通。又过了两天,小张抽空查看了物流,发现该商品已被送到异地,不知被谁签收了。小张一怒之下,申请了退款退货,并要求平台介入,还告知亲朋好友不要去该网店购买商品。

理论研习

在竞争日益激烈的电子商务行业中,服务已经成了各大网店的又一竞争点,逐渐成了产品的一部分,它是网店产品价值的延续。网店客服所提供的服务,除帮助客户了解产品信息、推销商品外,还有一项更为重要的服务,那就是帮助客户处理售后问题。优质的售后服务可以有效减少顾客的投诉和交易的纠纷,帮助店铺树立良好的品牌形象，提高客户满意度。

第一节　退换货处理

由于网上购物看不到实物，买家收到货时可能发现商品实物和心理预期有很大差别，或是收到的货物有瑕疵，便会产生退换货的想法。

一、退换货流程

快递送达时，顾客可以当面对照送货单核对商品，如出现商品数量缺少、商品破损等情况，可以当面拒签，退回产品，并在 24 小时内通过即时通信软件、客服电话告知客服人员。

卖家在收到退回的商品后，会根据用户的订单信息进行查询核实，如发现是漏发商品，可对不足的部分进行退款处理，也可根据订单信息实际情况给予补寄。由此产生的额外费用，均由卖家承担。

如果卖家对退换货不存在过错，退换货时的费用应由买家承担；包邮商品，发货运费由买卖双方分别承担。

退换货流程如图 8-1 所示。

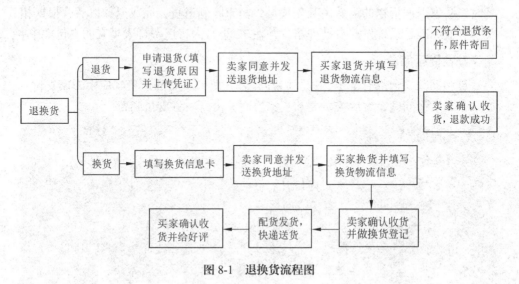

图 8-1　退换货流程图

> **客服小知识**
>
> 顾客提出退换货的请求，需要跟卖家沟通，待卖家同意退换货，并提供退换货的地址，才能进行退换货。一般情况下自收到货后7天内需要寄出货物并在平台上提交申请。

二、注意事项

售后客服人员要注意整个退换货环节中的细节问题，以减少因细节出现的问题和损失。一般来说退换货环节需要注意以下三个细节问题。

（一）发货状态

当买家发起退换货申请后，客服人员可以在后台看到商品的相关状态，并考虑是否立即选择同意退款。如果已经退货，而卖家没有收到货，这时就要求买家根据页面提供的相关选项来提交相关的运单凭证（订单号、发货单等），卖家要注意查看，并告知买家相关情况和处理办法。

（二）运费

1. 运货险

运费险是为买家所购买的，主要用于买家退换货的邮资赔付的保险。发生退货时，买家退回货物的运费由其先垫付，卖家收到退货，完成退款以后，根据相关的金额标准，系统发起自动理赔，并在72小时内将运费打入买家的支付宝中。

2. 发货运费

许多网购平台都有规定，凡是质量问题，发货和退货的运费都应由卖家支付；如果是非质量问题，客服人员要和买家协商，由哪一方支付邮费。

> **客服范例**
>
> 客户：这个你说了是质量问题，那么退货运费得你们出，对吧？
> 客服：亲，您好，运费是我们承担的哦，麻烦您先垫付下运费，我们会从支付宝把差价退给您，给您添麻烦了。
> 客户：为什么非要垫付啊？我直接快递，到付好了。
> 客服：亲，实在抱歉哦，给您添麻烦了，快递到付价格翻倍，所以得麻烦亲帮忙垫付，另外库房有规定到付是拒签的哦。麻烦亲谅解，您确定垫付的运费后，我们第一时间给您打款。
> 客户：好的。

（三）商品

1. 不影响二次销售的商品

在退换货前，客服人员应和客户确认需要退回的物品是否影响二次销售，包括但不限于是否已经剪标、洗涤、使用等，此外要根据各类商品的特性来确定。对不影响二次销售的商品，客服人员可以直接通过标准退货流程处理。在收到退货后，客服人员需要检查商品的完整性再回复客户。

2. 影响二次销售的商品

有些商品在退货前，经过双方沟通已经发现影响二次销售不能进行退货。这时，售后客服人员要注意安抚顾客情绪，讲清处理原因，尽可能满足客户需求，并提出处理意见。如果确实是产品本身的问题，可以向领导汇报处理，以提升客户对服务的满意度，在一定程度上弥补给客户带来的不便。

> **客服范例**
>
> 某客户收到网购的衣服后，匆忙将衣服洗了晾晒。这时他发现衣服有一个破洞，于是便找到了售后客服。客服让客户提供了衣服有问题位置的照片。经厂家确认，确实是出厂问题，但是衣服洗过了，不符合退换货规定。为了提升客户的满意度，卖家主动打电话和客户沟通，承认是自己的问题，并且提出可以给客户一些经济补偿，由客户自行修补。后来，这位客户成了该网店的忠实客户。

三、后台处理操作

很多买家可能不清楚网上退货退款的流程，这时就需要客服人员引导买家退货退款。

（一）买家退货退款操作

如果买家收到商品后需要退货退款，以淘宝平台为例的流程如下。

（1）进入"我的淘宝"→"我是买家"→"已买到的宝贝"页面，找到相应的交易订单，单击"退款/退货"，如图 8-2 所示。

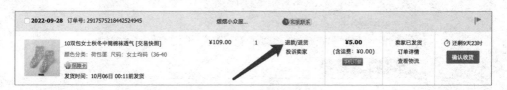

图 8-2　单击"退款/退货"

（2）如果买家已经收到货，则选择申请的服务类型"退货退款"以及"退款原因"，输入需要退款的金额，填写退款说明，上传凭证图片，输入支付宝账户支付密码，单击"提交"，如图8-3所示。

（3）关注退款状态，等待卖家同意退款协议，此时退款状态为"退款协议达成，等待买家退货"，实际完成退货后，单击"退货给卖家"。可以进入"已买到的宝贝"页面，选择"退款中"查看退款的详细信息，如"待卖家处理"，如图8-4所示。

（4）卖家有5天的时间来同意或拒绝买家的退款申请。若卖家同意退货协议，页面上会出现卖家的退货地址，买家可以根据此地址进行退货操作，在发出退货商品后，到退款页面填写退货信息，如图8-5所示。买家需要在7天内退货，逾期未退货，退款则会被关闭。

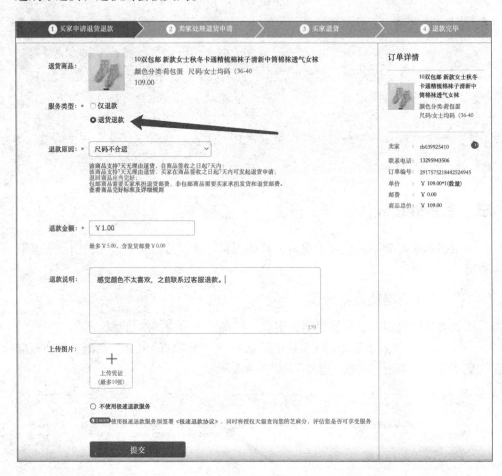

图8-3　提交申请

第八章 售后服务

图 8-4 退款状态

图 8-5 填写退货信息

（5）买家需要选择退货的快递公司，填写运单号。若下拉菜单中没有退货的快递公司，可选择"其他"进行填写，如图 8-6 所示。退货信息一经提交将无法修改，若之前购买了退货运费险，务必填写。

（6）确认信息无误后，单击"提交"按钮，退货信息提交成功，卖家会有 10 天的时间进行确认，若卖家逾期没有处理，系统会自动退款给买家，如图 8-7 所示。

无论是买家还是卖家，退款的时候一定要及时响应整个流程，否则超时就会造成退款关闭或者退款成功，对于买卖双方都是损失。

图 8-6　填写运单号

图 8-7　等待"卖家确认收货"

（二）卖家处理退货退款流程

收到买家的退款申请后，卖家可以在"我的淘宝"→"已卖出的宝贝"或在"交易提醒"内处理买家的退款申请。当收到退款申请，卖家可以选择"同意退款""拒绝退款申请"或"申请客服介入"，并根据实际情况做出回应。如果是卖家没发货时申请退款，则卖家只需要处理退款申请。卖家处理退货退款流程如图 8-8~图 8-12 所示。

图 8-8　未发货申请退款

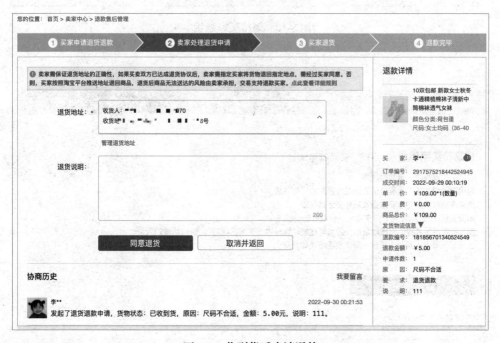

图 8-9　收到货后申请退款

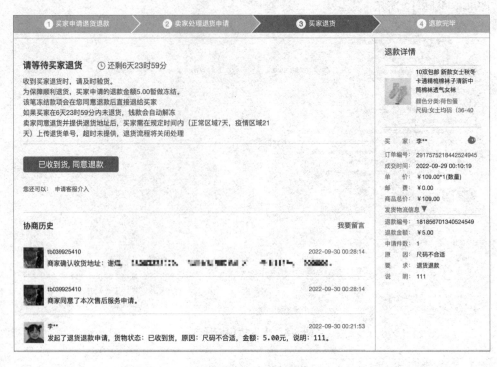

图 8-10 等待买家退货

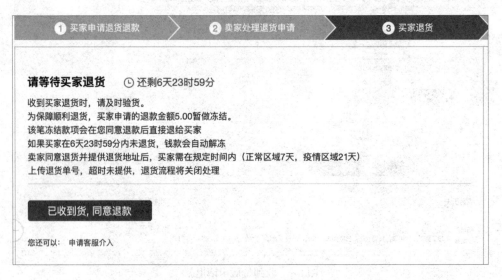

图 8-11 收货确认退款

图 8-12　退货退款成功

如果买家无理要求退款，卖家可以拒绝退款申请并输入拒绝理由，来完成拒绝退款申请操作，拒绝退款申请后退款状态变更为卖家不同意协议，等待买家修改。交易双方可以再进行友好协商，如果最终无法达成一致，淘宝平台客服将会介入处理。

第二节　评价管理

网上交易完成后，交易双方会互相评价。消费者的评价一般涉及商品与描述的相符度、卖家服务态度、发货速度、物流公司的服务质量等内容。这些评价最终会成为该商家的评价历史得分，成为后续买家了解商品质量和商家信誉的重要参考指标，商家信誉的不同带来的收益也有很大差别。

在日常的评价管理中，最主要的是解释评价和修改评价。同时，一些新手卖家会遭遇恶意的中差评，面对这种情况，卖家也要提高警惕，做出相应的处理。

一、评价解释

下面以淘宝网为例学习解释评价的后台操作。单击"我的淘宝"→"评价管理"，就能看到所有在有效期内的评价后面都有一个"我要解释"的按钮。单击该按钮就可以进入解释操作页面。卖家可根据顾客的评价或者自己对交易的感受来对该评价做出解释，如图8-13所示。

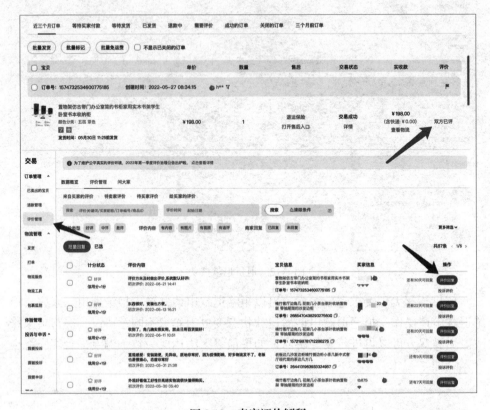

图8-13　卖家评价解释

（一）"好评"的解释

对给好评的买家，卖家可以回复评价，做出合适又有亲和力的回复，这对买家的复购以及店铺形象的口碑传播非常重要。

🎧 客服范例

> 客户：物超所值，买这么多次牛肉干，这次算满意的。
> 客服：您好，非常感谢您对我们的肯定。以人为本，服务于社会，把能想到的都尽量体现在我们的产品和服务里，这是我们的宗旨。感谢您的支持，期待您的再次惠顾。

（二）"中差评"的解释

由于各种原因，有时顾客在收到商品后，虽然做出好评，但同时写出了一些不太好的评语。这样的评语不但直接影响产品的销售，还会影响店铺的口碑，甚至会影响品牌的声誉。对此，售后客服人员要心平气和地面对，以最快的速度对顾客的评价做出解释，语气一定要谦和。

客服范例

卖家评价解释语列举

服务问题

"亲，对不起，由于购买的人数较多，回复您慢了真是不好意思，在这里真诚向您道歉，希望我家的宝贝能够让亲满意，下次您来购买我们帮您优惠一些可以吗，希望您体谅下！"

发货问题

"您好，真的是不好意思！由于购买的人比较多，导致给您发错货/忘记发货/发货不及时，对这种错误我们会做出深究并且改善！"

发货途中损坏物件

"亲，您放心，我们发货之前都对商品进行了仔细检查，经过查证，是快递人员在运输途中由于疏忽导致物件损坏，我们将会向快递公司索要一定的赔偿，您把货退回来，邮费到付。我们为给您造成的不便感到抱歉！这边也会给您点小礼物作为赔偿，希望亲保持帅气/美丽的心情继续光临本店。"

产品质量问题

"亲，我们××的衣服是自己公司开发生产的，衣服布料采用的是百分之百莱卡纯棉的，采用复合工艺处理的，不会洗涤变形！"

评价解释期为买家做出评价的30天内，逾期解释入口将关闭。合理又有创意的回复解释不仅可以维护店铺的客户黏度，让网店更加人性化，还可以提升客户对店铺的好感度。

练一练

面对下列商品的客户差评，客服人员应如何解释？

（1）精品玫瑰：骗人，什么"5"代表"由衷欣赏"，人家说我"三心二意"！

（2）进口巧克力：晚了3天，而且全碎了！

（3）休闲短裤（40元包邮）：质量严重有问题，才穿3天，一坐下裤裆就撑破了！

二、修改评价

交易双方有时会因为误会和争议产生负面评价，如果经过沟通和协商，双方能达成一致，冰释前嫌，而且买家愿意将中差评修改为好评，买家可以不用求助于网络交易平台的客服，自己就能轻松地修改评价。

仍以淘宝网为例，如果需要买家修改评价，可以按照如图8-14所示的步骤，找到"我的淘宝"→"评价管理"入口，进入之后，不仅可以看到对方给自己的评价，而且可以看到自己给对方的评价，找到需要修改的评价，会看见后面有一个"修改评价"提示，单击进入就能将中差评改为好评。

图8-14 修改评价的操作步骤

客服小知识

（1）评价自助修改期为30天，超过自助修改期，将无法进行操作。

（2）评价修改或删除只有一次机会，且只能中差评改为好评，修改评价的同时应记得修改评语。好评无法改成中差评，也无法删除。

（3）评价删除后将无法再次评价。

售后客服与顾客通过沟通和协商，达成修改评价的协议后，可以按照上述操作流程指导顾客修改中差评，使店铺保持较好的评价记录。

三、处理恶意评价

恶意评价是指买家、同行竞争者等评价人以给予中差评的方式谋取额外财物或其他不当利益的行为。

（一）恶意评价的范围

（1）评价者以中差评要挟为前提，利用中差评谋取额外钱财或其他不当利益。

（2）同行给出的中差评。

（3）第三方诈骗所产生的中差评。

（4）评价方擅自将别人的信息公布在评语或解释中。

（5）评语中出现广告、辱骂、污言秽语等损坏社会文明风貌的现象。

（二）恶意评价的维权

在一个订单交易成功后的15天内，卖家可以提交相关证据发起恶意评价的维权，维护店铺的权益。网络交易平台将受理这些恶意评价，以维护卖家的合法利益。

在淘宝网上，恶意评价维权具体操作路径如下。

（1）卖家登录"卖家中心"→"已卖出的宝贝"，如图8-15所示，找到对应交易后单击"投诉维权"，在弹出页面发起"恶意评价"维权。

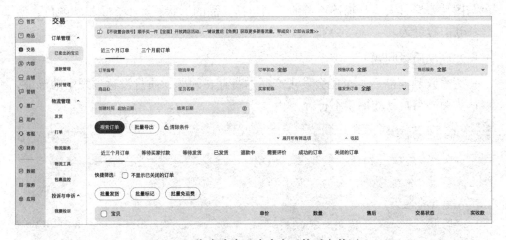

图8-15　淘宝卖家已卖出宝贝的后台截图

（2）卖家发起维权后，恶意评价维权的投诉会由淘宝网的工作人员介入审核，并在1~2个工作日给予答复。维权申诉成功后，淘宝网会删除买家的恶意评价。

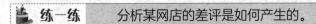
分析某网店的差评是如何产生的。

第三节　投诉处理

在交易过程中，商家提供的产品和服务或多或少会和客户的预期有一定差距，这可能会使客户产生不满，继而向商家或交易平台提出抗议、索赔或要求解决问题等行为。

一、常见的交易纠纷类型

交易完成后，为了维护自身的利益，除了可以申请售后外，买家还可以在网购交易平台发起投诉。目前，网上常见的交易纠纷主要涉及商品、物流及服务三部分。

（一）关于商品的纠纷

1. 商品与描述不符

买卖双方成交后，买家收到的商品与网上描述（包括图片描述与文字描述）不符，主要包括商品细节描述和使用效果描述不符，如服饰的色差造成实物的颜色与图片差异过大。与描述不符的范围包括商品的形状、大小、重量、颜色、型号、新旧程度等。

2. 商品质量问题

买家收到商品后，可能会发现产品本身存在问题，质量没达到规定的标准，或认为商品与自己的期望不符等。

> **客服范例**
>
> 客户：在吗，肉干我收到了，我吃了一个，特别难吃，我要退货。
> 客服：亲，您好，在的，肉干您已经拆包了吗？
> 客户：是啊。
> 客服：亲，实在抱歉，咱们的产品都属于食品类，页面里也提醒了各位亲拆包后不能进行二次销售的商品是不能进行退换货的，亲可以看下身边的朋友有没有喜欢这个口味的，可以转让给喜欢的朋友哈。
> 客户：但是我不喜欢啊，我拆开了，朋友也没法儿要啊！
> 客服：这样亲，我这边给亲一张店铺优惠券，可以适当减价转给朋友，优惠券亲下次下单的时候可以直接抵现。
> 客户：好的。

3. 销售假货

买家收到商品后，发现商品为假冒商品。买家通常对名牌商品的假冒情况更为敏感，随之也会产生抱怨甚至纠纷。

（二）关于物流的纠纷

物流纠纷主要是指客户由于物流问题引发的不满造成的纠纷，包括物流不及时，造成货物延误；商品在运输过程中的破损；货物丢失；货物被错发或者漏发；不按客户要求擅自更改物流公司等问题引发的纠纷。

> **客服范例**
>
> 客户：在吗？我备注了发中通快递，你为什么给我发了汇通？我这边汇通根本收不到。
>
> 客服：亲，您好，在的，实在抱歉，您稍等我看下这边的订单。
>
> 客户：好的。
>
> 客服：亲，您好，看到您的订单了，实在抱歉，这边仓库发货没有看到您的留言，给您发错快递是我们的问题，我刚联系了快递公司，当包裹到达您所在地的汇通站点，会转到您那边的中通快递，一定让您尽快收到宝贝。
>
> 客户：好的，主要是担心收不到产品，快递能送到就可以。

（三）关于服务的纠纷

服务纠纷包括服务态度不好、服务不及时或者服务不专业等引发的纠纷。据统计，网上买家给中差评的理由常常是因为卖家态度不好或是卖家不回复留言，导致买家不满，进而产生抱怨。此外还有推销方式不正确、专业性不够、过度推销等原因。

二、售后纠纷的规避

（一）规避商品方面的纠纷

为了让买家更好地了解商品，客服人员应当对出售的商品进行真实、全面的描述。全面的商品描述结构如图 8-16 所示。

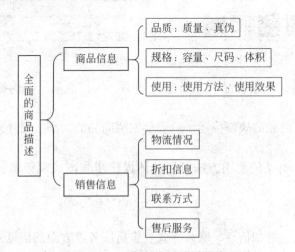

图 8-16　全面的商品描述结构

1. 商品信息的描述

（1）品质。在描述商品的时候不要夸大其词，不能过分夸大产品的作用或影响力，要做到实事求是。可以在商品描述中展示商品检验报告或产品荣誉等，如图 8-17 所示；如果出售的是瑕疵品，必须清晰标注，如图 8-18 所示。

图 8-17　产品荣誉

图 8-18　标明瑕疵品

对名牌商品或贵重物品要出具鉴定证书、授权证书、防伪标识，如图 8-19 所示。

（2）规格。商品的规格描述，一般要说明商品的大小、尺寸或者宽度等，如图 8-20 所示。

（3）使用。商品的使用方法可用具体操作步骤图或视频来展示，如图 8-21 所示。

2. 销售说明

对物流情况、折扣信息、联系方式、售后服务等方面的信息，商家可以直接在买家须知或者"关于售后部分"进行说明，如图 8-22 所示。

图 8-19 某手机官方授权证书

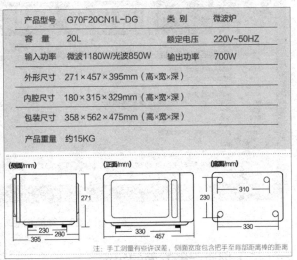

图 8-20 商品的规格描述

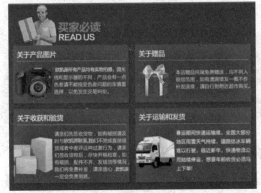

图 8-21 用图片描述使用步骤

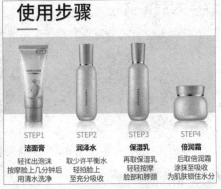

图 8-22 买家必读描述售后说明

（二）规避物流方面的纠纷

（1）在商品描述中应写明物流的情况，如当地所使用的物流，异地使用的物流，有关快递公司的信息，物流所用的时间和费用等，如图8-23所示。

（2）商家在发货前应保障商品的包装完好坚固，对一些易碎、防潮湿、防伪商品等要做出相应标识。

（3）货物发出后，商家要及时跟踪包裹，为顾客提供最新的物流信息，并提醒顾客检查包裹的外包装是否完好。

图 8-23 物流信息

（三）规避服务方面的纠纷

礼貌用语，态度热情，在回复顾客的咨询时，要回复及时，不要让顾客觉得受冷落。当顾客提出问题时，客服人员要心态平和，避免与顾客发生争执。

客服范例

客户：掌柜你好，衣服已经收到了，但是我觉得衣服穿上效果不好，很老气。

客服：您好，稍等一下，我查查您购买的是哪件衣服。我来帮您搭配一下，搭配的方式改变一下也许会有不错的效果哦。如果您还不满意，我们再商量退换的问题，好吗？

客服人员在回答顾客询问时也要客观真实，不能过分推销，夸大宣传。

客服范例

客户：掌柜你好，请问这件衣服显瘦吗？会不会显肚子啊？

客服：您好！这件衣服板型很好，如果穿得合身是比较显瘦的，我需要知道您的三围和身高才能够判断您穿上以后的大致效果。

三、处理售后纠纷的步骤

当产生售后纠纷时，客服应以积极的态度来处理纠纷。

（一）让客户发泄

产生纠纷时，客户的愤怒就像充气的气球一样，当客户发泄完后，也许就没有愤怒了。此时，不要急着和顾客争论，也不要让客户觉得被敷衍，要与顾客保持情感上的交流，如表示"您别着急，我马上查一查您的订单"，这有利于消除顾客的愤怒。

（二）充分道歉

当客户的怨气和不满发泄出来后，不悦情绪得到一定程度的缓解，此时客户最希望得到的是同情、尊重和重视，因此客服应立即向其表示道歉，并采取相应的措施，例如：

① 我理解您的心情，如果是我，也会跟您有一样的感受。
② 请您息怒，我非常理解您的心情，我们一定会妥善处理的。
③ 非常对不起，我们马上为您处理这个问题。
④ 我很愿意为您解决问题，让我看看该如何帮助您。

（三）确定问题根源

客户有时候会省略或忽略一些重要的信息，需要客服人员通过精准的提问和简要复述客户抱怨的内容来了解真实情况。

（四）提出解决方案

对客户的不满，要及时提出补救措施，一个及时有效的补救措施往往能将客户的不满化为感谢和满意。每个网店都要针对各类纠纷形成预案或解决方案。客服人员在提供解决方案时要注意以下几点。

1. 为客户提供选择

一个问题的解决方案通常不是唯一的，给客户提供选择会让客户感到受尊重；同时，客户亲自选择的解决方案在实施的时候也会得到其更多的认可和配合。

2. 诚实地向客户承诺

因为有些问题比较复杂或特殊，客服人员不确定该如何为客户解决。这时，不要给任何承诺，要诚实地告诉客户，本店会尽力寻找解决的办法，但需要一点时间。如果到时还是不能解决问题，仍然要按约定的时间给客户回复。这样的诚实态度更容易得到客户的尊重。

3. 给予客户一些补偿

为弥补失误，可以在解决问题的同时，给客户一些额外补偿。很多网店都会给客服人员一定授权，以灵活处理此类问题。

客服范例

张小姐在"双十一"购买了一条裤子，但是由于快递爆仓，导致张小姐等了3天还未发货，因此她非常郁闷并要客服给个说法。客服："对不起，我

> 给您免 10 元运费吧。"3 天后，张小姐收到的一个包裹里有一封信，里面说对"双十一"货物延迟发货的问题非常抱歉，附上 10 元现金作为补偿，希望张小姐能谅解。张小姐除了意外还非常感动，原本郁闷的心情一扫而空，反而觉得该网店服务非常贴心，并于当天又下了一笔订单。

（五）询问客户的意见

当发生纠纷时，解决问题的关键是令客户满意。客服人员提供解决方案后，如果客户可以接受，应迅速执行；如果不能接受，可询问其意见，协商解决。

（六）跟踪服务

纠纷处理之后，可通过电话、短信、电子邮件等，再次为给客户带来的不便和损失表示真诚的歉意。当客户发现补救措施及时有效，商家也很重视的时候，就会感到满意。客服人员要注意对店铺出现的纠纷做记录总结，内容包括纠纷原因、跟进情况、处理方式、关键证据等，为后期避免发生类似的纠纷做备案，为店铺其他客服处理方式以及店铺需要改进的地方提供参照。

第四节 工作交接

在网络客服的日常工作中，很多事情不能当时解决，或者自己解决不了，就需要交接给同事处理，让他们跟进解决，这样可以有效避免买家再次咨询时，客服没能及时回应，甚至因为当事的客服不在现场而耽误了最佳处理时间。

一、记录当班重要信息

在线客服在下班时，若还有客户需要继续跟踪，如有些买家因购买的商品较多，客服人员答应给他包邮，则需要对他的订单进行改价并催付备注；有些买家申请退换货，需要在后台同意买家换货，并给买家提供退货地址；物流状态异常，需要在正常上班时间电话询问快递等，这些一时没解决的问题，都需要一一记录下来，交接给下一个班次的客服人员。

二、制作售后交接表

工作交接最常见的方法是口头传达，但是这种方式容易造成遗漏，最好的办法是通过文字记录下来，使交接工作有据可查。

(一)千牛待办事项

在日常工作中,需要转交给同事来处理的事情,可以通过千牛代办事项功能实现,具体操作步骤如下。

(1)作为任务发起方,在千牛工作台页面中找到"待办事项"模块,如图8-24所示。

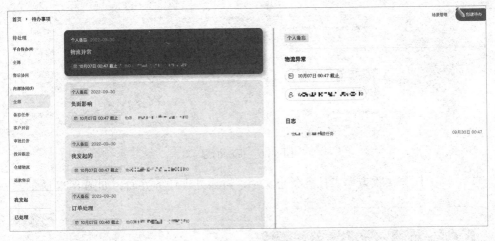

图 8-24 代办事项

(2)在弹出的对话框中,单击"创建待办"按钮,填写任务内容,并且选择执行人,还可以选择提醒时间,完成后保存即可,如图8-25所示。

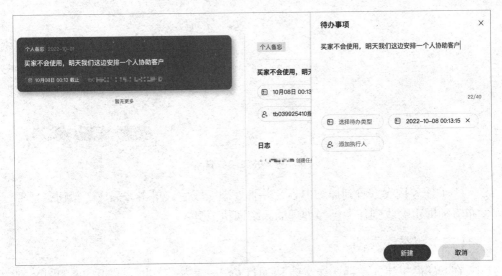

图 8-25 填写任务

（3）当任务接收方上线，并且到了设置好的提醒时间时，接收方的计算机界面中会弹出对话框，如图8-26所示。

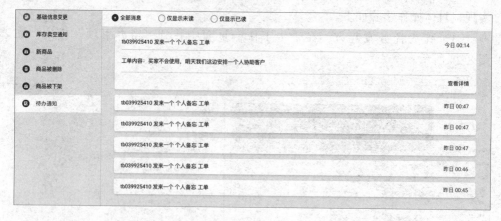

图8-26　提醒消息

（4）任务接收方单击任务备忘文字，进入处理任务界面，如图8-27所示。

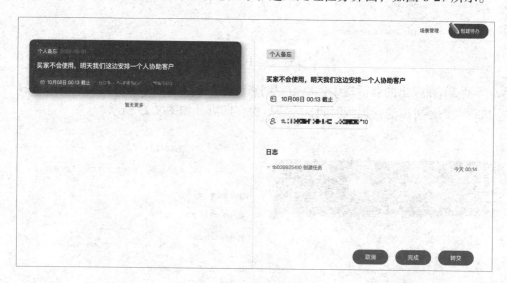

图8-27　处理任务界面

（5）任务接收方看到详细内容，并且处理完成后，单击"完成"按钮，任务发布方随即也会收到任务已经处理的系统回执消息。

（二）群在线文档

在QQ群里建立"群在线文档"，通过Office表格等实时操作共享，如图8-28所示。客服工作交接表的必要内容包括时间、买家ID、订单号、交接前订单状态、价格、订单描述、交接后订单状态、交接人、承接人、备注等。

图 8-28　交接表格

练一练　请根据女装店铺的特点，设计并填写客服工作交接表，完成工作交接。

（三）纸质书写单

使用纸质书写单进行一对一交接，做到责任划分，有凭有据，如表 8-1 所示。

表8-1　纸质书写单

白班	工作事项		
	签字	交班人：	接班人：
晚班	工作事项		
	签字	交班人：	接班人：

日期：　　　　　　　　　　　星期：
审核人：_____

实践练习

一、单选题

1. 商家在评价后的（　　）天内可以作评价解释。
   A. 15　　　　　B. 3　　　　　C. 10　　　　　D. 30
2. 中差评在评价后的（　　）天内可以修改，逾期将不能更改。
   A. 15　　　　　B. 3　　　　　C. 30　　　　　D. 20
3. 恶意评价维权的投诉会由淘宝工作人员介入审核，并在（　　）个工作日给予答复。
   A. 1~2　　　　B. 2~3　　　　C. 3　　　　　D. 5
4. 产品质量纠纷不包括（　　）。
   A. 外观质量纠纷　　　　　　B. 使用质量纠纷
   C. 顾客心理预期　　　　　　D. 物流选择纠纷
5. 以下纠纷处理注意事项中错误的是（　　）
   A. 认真倾听　　　　　　　　B. 认同顾客感受
   C. 避免电话沟通　　　　　　D. 提出补救措施

二、多选题

1. 在处理售后纠纷时，话术技巧很重要，在与顾客交流时，客服不能说的话有（　　）。
   A. 这个不属于我们的问题，我们不能负责
   B. 商品被快递公司遗失了，请找快递公司索赔
   C. 你没填退货单号，导致退款速度慢，这不是我们的错
   D. 我很抱歉，我们会尽力帮您解决的
2. 以下评价解释不恰当的是（　　）
   A. 交易成功后，顾客无理要求退还部分货款，因店铺没退款，顾客给了差评，客服 A 公布了顾客的个人信息、指责顾客讹诈货款
   B. 顾客在评价中写到衣服尺码标注不准确，收到的衣服比标的尺码大 2~3cm，客服 B 解释描述中的尺码说明为手工测量，可能有误差，属于国家标准误差范围
   C. 顾客在评价中写到快递速度慢且服务不好，客服 C 解释快递公司不是他们开的，因此干涉不了快递公司的事，请买家多担待
   D. 顾客在评价中写到东西还不错，就是价格太贵了，客服 D 解释一分钱一分货，想要便宜的产品去别家买

3. 客服的工作交接方式包括（　　）
　　A. 千牛代办事项　　　　　　B. 群在线文档
　　C. 口头传达　　　　　　　　D. 纸质书写

三、判断题

1. 卖家有 5 天的时间来同意或拒绝买家的退款申请。（　　）
2. 目前，网上交易常见的纠纷主要涉及商品、物流及服务三部分。（　　）
3. 物流因素不受商家控制，因此商家无法避免商品的物流纠纷。（　　）

四、简答题

1. 请简述处理售后纠纷的步骤。
2. 售后工作交接有哪些方式？

五、技能实训

两人一组，完成买家卖家过过招的游戏。游戏要求如下。

买家在卖家店铺购买了东西，给了中差评，卖家进行沟通并评价回复，模拟情境见表 8-2 所示。

表8-2　模拟情境

买家差评：老板，你家的这个鱿鱼片太难吃了，能不能退货？
卖家回复：
买家差评：我老公不喜欢这条围巾，我们为此吵架的时候居然把围巾撕破了！
卖家回复：
买家评价：老板，我用了你卖的这些面膜和爽肤水以后，眼睛肿得根本睁不开，我会通过淘宝投诉你的！
卖家回复：
买家好评：实在，太实在了，卖家考虑我急用，在我还没付款的情况下就把货发出来了，这简直是我在淘宝上最完美的一次交易。
卖家回复：

第九章　压力调整与情绪管理

 学习目标

★ **知识目标**

1. 了解压力产生的因素以及对客服人员的影响。
2. 掌握处理压力的技巧。
3. 了解情绪的概念和分类。
4. 明白情绪管理的内容。
5. 掌握客服人员情绪管理的方法。

★ **技能目标**

1. 能处理压力。
2. 能进行情绪管理。

★ **素质目标**

1. 培养诚信的客户服务意识,培养善于换位思考的同理心。
2. 培养正确、积极、合作、乐观的阳光心态。
3. 形成较强的抗挫折能力和自我调节能力。

第九章 压力调整与情绪管理

本章知识结构图

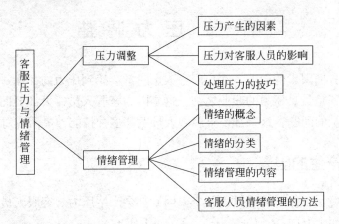

案例情景

当人们一听到客服,就会自然而然地联想到一个免费的客服电话,或是售后服务中心等。随着电子商务的迅速发展,网络客服的需求量也迅速增加。众多电子商务企业在组织内部设置了客服部,安排客服人员使用各种网络服务软件为客户提供大量的商务服务。

小芳任职淘宝售后服务已经一个多月了。在这一个多月里,她有时会碰到一些难缠的、无事生非的客户,这些客户甚至会在交流过程中说一些侮辱人格的话。另外,小芳的业务能力落后于别人,这也让她十分难过。小芳发现工作中的事件很容易牵动自己的情绪,她常常觉得烦躁郁闷,渐渐地,她对客户的耐心被消磨,不想为客户服务。

无独有偶,上个周末,她遇到了大学同学小赵,得知小赵也在一家网店做客服。小赵向她诉苦,做网店客服压力真的好大,有些客户特别难缠,一上来就是不沟通,以退款、投诉、差评、找平台威胁;网店现在售后团队人手又不够,工作强度高。小赵说他每天都想辞职,因为这个工作让他很焦虑。

两个同学互相大倒苦水之后,都觉得不能再这样继续下去了,决心要改变目前的不良状况。但是,他们有什么办法呢?

理论研习

网络客服工作是一项通过网络与人打交道的工作,而服务的宗旨又是令客户满意。因此,网络客服的压力很大。要想成为一名优秀的客服人员,应该正确看待面临的工作压力,要做好自我调节并控制好情绪。

第一节 压力调整

受到各方面因素的影响,客户服务人员时常会感到压力的存在。许多研究表明,客户服务是最具压力的职业之一,这是因为客服人员每天都要面对大量的客户并处理大量的问题,这些都要求客服人员发挥多种技能,灵活应对问题。

一、压力产生的因素

工作环境、工作时的感觉以及个人因素都会产生压力。客服人员面临的压力主要来源于四个方面:个人、客户、市场、工作。

(一)个人方面

1. 不良的个性心理

每个人都具有自己的个性心理,有的客服人员容易激动、暴躁。不良的个性心理会使客服人员无法提供耐心、周到的服务,更无法积极引导客户购买商品。这不仅会使其服务质量受到影响,客服人员本人也容易在工作中产生挫败感,导致压力的产生。

2. 服务技能不足

客户服务是一个充满压力的职业,它要求客服人员既要具有广博的知识,又要掌握灵活处事的技能。服务技能的不足使客服人员不能从工作中得到满足感,却常常有失望、沮丧感,这给客服人员造成了很大的心理压力。

3. 疲劳过度

由于各网店的竞争、对工作安全感的忧虑、棘手的客户以及其他各种因素,客服人员常会感到疲劳过度,造成工作效率下降。

对一线的客服人员来说,如果不能很好地改善这些压力,就无法提供令顾客满意的优质服务。从另一个角度来讲,店铺也无法获得真正的服务竞争优势。

(二)客户方面

1. 客户期望值的提升

客户期望值的提高与行业竞争的加剧密不可分。客户每天都被优质服务包围,对服务的期望值越来越高,自我保护意识也在加强。所以,客户对服务的要求也就越来越高了。

2. 不合理的顾客需求

有时候顾客提出的不合理要求也会给客服人员造成很大的压力。网店不允许那么做，顾客却偏要那么做，满足了顾客，就违反了网店规定；遵守了网店规定，又得罪了顾客。所以，如何在遵守网店规定的前提下，让顾客接受自己的合理解释，就成了客服人员的一道难题。

（三）市场方面

1. 同行业竞争加剧

这是一个鼓励竞争和允许充分竞争的年代，没有哪个能盈利的商家会一直没有竞争对手出现。竞争导致的结果就是要做得越来越好，越来越优质，商家对客户服务的重视程度也会相应提高、客服人员的工作压力也会相应增大。

2. 服务需求波动

几乎所有的行业都会有服务的高峰期，当高峰期出现的时候，由于要服务的人数众多，服务人员的服务热情就很难维持，毕竟在频繁的服务中，需要消耗大量的体力、心力、智力。但顾客不会理解这些，他们要求在高峰期的时候能享受到同样优质的服务，如果享受不到，就会表示不满，向客服人员施压。

（四）工作方面

1. 不合理的工作目标

对大多数网企来说，工作目标的完成情况是评估员工工作的一项重要指标。许多商家在制定工作目标时极少考虑实际情况。如果商家制定了不切实际的业绩目标，而员工不能如期完成，公司则会把责任归咎于员工。这种做法会使他们士气受挫甚至心生怨恨。

2. 超负荷的工作

客户需求的变动会给客服人员带来超负荷的工作压力。很多网店的客服人员都在超负荷的工作压力之下，使网店很难按照客户的需求来安排自己的服务，所以如何更好地在超负荷的工作压力下提供优质的服务，是客服人员面临的又一个挑战。

二、处理压力的技巧

客服人员可通过以下方式减轻工作中的压力。

1. 自我心态的调整

客服人员要以一个平和的心态对待压力，同时要有能够承受压力的健康心态。

即使发生了什么令人不愉快的事情，也应该微笑面对，不失风度。在非常生气的时候，可以先做一下深呼吸或想一些令人开心的事情。当心情平静下来时，再回来工作或请别人帮忙解决问题。

2. 不断提高自我能力

客服人员应从多方面着手，提高产品知识、熟悉公司的运作、熟练使用各项业务流程，提高自己的服务水平，在高能力的状态下，人的压力会变小。

3. 合理高效地利用时间

合理安排和利用时间是决定客服工作成功与否的关键。客服人员可以把一天要完成的工作列成一张清单，并把它们按优先顺序排列，这样可以减轻工作中的压力。在时间安排上应优先关注那些棘手的工作，如果总是把它往后推，心里总会惦记着它。如果一项工作把自己压得喘不过气，完全可以对它进行分解，每次只做一部分。

4. 积极的自我激励

如果经常对自己说些容易陷入消极的话，进取心就会下降，从而导致压力和消沉。因此，客服人员应经常对自己说些自我激励的话，如"我能处理好这些事情""我不能让这件事影响我"或"这是暂时的，一年之后，就没什么大不了的了"。

5. 适时休息

客户如果不讲理，使客服人员感到厌烦，客服人员需要适当休息，使自己保持清醒的头脑，充满活力。如果再做一下身体锻炼，就会取得事半功倍的效果。另外，每天花些时间与同事在一起（如休息、吃午餐）会增进同事之间的友谊，并且可以互相交流思想和信息。这些对长期的身体健康以及事业的成功很有帮助。

6. 培养业余爱好

业余爱好是一种精神娱乐、一种闲暇时的消遣，能分散人们的注意力，让人们学会放松自己。无论是选择在户外还是在室内进行活动，关键是要做自己感兴趣的事情。

7. 分享趣事

多读、多看、多听幽默搞笑的故事，或在休息时间与同事一起分享在与客户沟通时发生的令人捧腹的经历。通过分享趣事，有时还能从别人身上学到一些新的服务客户的方法。

第二节 情绪管理

客服人员在和客户沟通的过程中，经常需要帮助客户解决各种问题，尽可能满足客户多样的需求。能够较好地进行情绪控制的人就会始终保持温和的态度，不会和客户有摩擦或冲突；有些人性子比较急，容易冲动，就会容易和客户产生矛盾，也就难免会接到客户的投诉。因此，管理好自己的情绪，保持情绪稳定，对从事客户服务工作非常重要。

1.查阅网络资料，列举由于情绪失控导致伤害的事件。
2.你有过类似经历吗？结合自身经历讨论如何有效控制情绪。

一、情绪的概念

情绪是一种主观感受，或者说是一种内心体验，是以人的需要为中介的一种心理活动，它反映的是客观外界事物与主体需要之间的关系。情绪活动是无时不在、无处不在的，人人皆有情绪。外界事物符合主体的需要，就会引起积极的情绪体验，否则便会引起消极的情绪体验。

二、情绪的分类

情绪是非常复杂的，要对情绪进行准确的分类尤为困难。许多研究者对此进行了长期的探索，其中有两种分类方法颇具代表性。

（一）依据情绪的性质分类

1. 快乐

快乐是盼望的目的达到后，继之而来的紧张解除时的情绪体验。快乐的程度取决于愿望满足的意外程度。快乐的程度从满意、愉快到大喜、狂喜。快乐是一种在追求达到目的时所产生的满足体验。它是具有正性享乐色调的情绪，会使人产生超越感、自由感和接纳感。

2. 愤怒

愤怒是由于受到干扰而使人不能达到目标时所产生的体验。目的和愿望不能达到，一再受到阻碍，从而积累了紧张，最终产生愤怒。特别是所遇到的挫折是不合理的或是被人恶意所造成的时候,愤怒最容易发生。愤怒的程度依次是不满、生气、愠怒、愤、激愤、大怒、暴怒。

3. 恐惧

恐惧是企图摆脱、逃避某种危险情景时所产生的情绪体验。恐惧往往是由于缺乏处理、摆脱可怕情景的力量和能力而造成的。引起恐惧的重要原因是缺乏处理可怕情景的能力与手段。

4. 悲哀

悲哀与失去所盼望、所追求的东西和目的有关,是在失去心爱的对象或愿望破灭、理想不能实现时所产生的体验。悲哀情绪体验的程度取决于对象、愿望、理想的重要性与价值。悲哀的程度依次是遗憾、失望、难过、悲伤、哀痛。悲哀所带来的紧张的释放会产生哭泣。

由以上四种基本情绪可以派生出众多的复杂情绪,如厌恶、羞耻、悔恨、忌妒、喜欢、同情等。

(二)依据情绪状态分类

1. 心境

心境是一种使人的一切其他体验和活动都染上情绪色彩的情绪状态。它是持续的、微弱的、平静的。心境的特点是弥漫性。人逢喜事精神爽,生活中的事件,例如事业的成败,工作的顺利与否,与周围人的关系好坏,机体状态如健康程度、疲劳、睡眠情况等都影响心境。

2. 激情

激情是一种爆发快、强烈而短暂的情绪体验。例如,在突如其来的外在刺激作用下,人会产生勃然大怒、暴跳如雷、欣喜若狂等情绪反应。在这样的激情状态下,人的外部行为表现比较明显,生理的唤醒程度也较高,因而很容易失去理智,甚至做出不顾一切的鲁莽行为。因此,在激情状态下,要注意调控自己的情绪,以避免冲动行为。

3. 应激

应激是出乎意料的紧张状态所引起的情绪状态。在应激状态下,人可能有两种表现:一种是目瞪口呆,手足无措,陷入一片混乱之中;另一种是头脑清醒,急中生智,动作准确,行动有力,及时摆脱困境。应对应激状态的技能是可以训练的。但应激的状态不能维持过久,因为这样很消耗人的体力和心理能量。若长时间处于应激状态,可能导致适应性疾病的发生。

三、情绪管理的内容

情绪管理是指在反思自身不良情绪的基础上,用心理科学的方法有意识地调适、缓解、激发情绪,以保持适当的情绪体验与行为反应,避免或缓解不当情绪与行为反应的实践活动。情绪管理的内容包括以下三个方面。

(一)体察自己的情绪

有许多人认为,人不应该有情绪,所以不肯承认自己有负面的情绪,要知道人是一定会有情绪的,压抑情绪反而会带来更不好的结果,学会体察自己的情绪是情绪管理的第一步。

(二)适当表达自己的情绪

现实中,很多人感到缺乏表达自己情绪的力量,怕自己的真实情绪表达出来会让对方不高兴。但是,对自己情绪的压抑是一种不适当的情绪表达,不利于身心健康。适当的情绪表达并不是一味地忍让。如何适当表达情绪,是一门艺术,需要用心体会、揣摩,更重要的是要在生活中应用。

(三)以合适的方式舒缓情绪

舒缓情绪的方法很多,如逛街、听音乐、散步或逼自己做别的事情,以免总想起不愉快的事。舒缓情绪的目的在于给自己一个厘清想法的机会,让自己好过一点,也让自己更有能量去面对未来。根据这几个角度去选择适合自己且能有效舒缓情绪的方式,你就能够控制情绪,而不是让情绪来控制你。

> **练一练**
>
> **情绪分析练习**
>
> 当某件事引发你的情绪时,请分析和思考你的情绪的形成原因,写在纸上:
> 你现在的情绪和感受是怎样的?
> 令你产生这种情绪的诱因是什么?
> 使你产生这种情绪的这件事/这个人/这句话等给了你怎样的感觉?令你产生了怎样的信念?
> 你的信念是否合理?

四、客服人员情绪管理的方法

客服人员直接面对客户是情绪传递的直接媒介。在工作中,自身的不良个性心理、客户的激烈情绪、工作量的压力、同事的误解等，都可能会成为产生消极情绪的导火索。消极情绪和不当的沟通方式，势必会影响与用户的沟通，还有可能让矛盾冲突升级。反之，积极的情绪会促进工作，微笑着回答每个问题，极富同理心地倾听与沟通，可能会让原本难以解决的问题迎刃而解，令原本言辞激烈的客户怒气全消。

（一）宣泄法

如果客服人员很不开心，完全可以通过其他途径来稀释心中的不愉快。可以通过看电影、逛街、打球、散步等活动来缓解心中的不愉快，痛痛快快哭一场也是一个好办法。

（二）提升生命价值法

提升生命价值法就是在工作后积极充电，增强自身竞争优势。如果客服人员很专业，经验很丰富，能力很强，遇到问题能够轻而易举地解决，那么工作起来自然充满自信，即使有点小挫折也很容易消化。客服人员如果能够通过不断学习、总结提升自己的能力，那么其抵御外界伤害的能力也会增强。

（三）清除法

客服人员在工作中经常会遇到不顺心的事，导致心情不佳。这时，客服人员不要总惦记那些让自己不愉快的事，应及时清除精神上的垃圾，把那些影响自己工作的负面情绪如忧愁、恐惧、紧张等清理掉，然后重新整理自己的思路，并养成这样的习惯，这样每天工作起来就会精神百倍。

（四）辩证地看问题

事物常常是一体多面的，处理不当，就是沉重的包袱和枷锁；处理得当，就是宝贵的人生阅历与财富。客服人员要辩证地看待问题，换一个角度来看待同一件事。

实践练习

一、单选题

1. （　　）不属于客户引起的工作压力。
   A. 客户期望值的提升　　　　　　B. 服务失误导致的投诉
   C. 不合理的顾客需求　　　　　　D. 服务需求波动
2. 情绪管理的内容不包括（　　）。

A. 体察自己的情绪 B. 适当表达自己的情绪
C. 适时休息 D. 以合适的方式舒缓情绪

二、多选题

1. 压力对客服人员造成的影响有（　　）。
   A. 失去工作热情 B. 情绪波动大
   C. 身体受损 D. 影响人际关系
2. 依据情绪状态分类，情绪可分为（　　）。
   A. 心境　　　　B. 激情　　　　C. 应激　　　　D. 悲哀

三、判断题

1. 依据情绪的性质分类，情绪可分为心境、激情、应激。（　　）
2. 提升生命价值法就是工作后积极充电，增强自身竞争优势。（　　）

四、简答题

1. 处理压力的技巧有哪些？
2. 客服人员情绪管理的方法有哪些？

五、技能实训

分析出色和糟糕的客服体验

回想近 3 个月中你遇到的最好和最差的客户服务，各举一例。回忆一下当时发生了什么：对方说了什么或做了什么，用什么样的语调，采取了哪些行动，并将相应的内容填入表 9-1 中。

表9-1 出色和糟糕的客户服务体验

你所打交道的机构或名称		×× 公司（机构）	
序号	体验内容与感受	最佳客服体验	最差客服体验
1	他们如何招呼你： 直呼其名；热情似火；温文尔雅；盛气凌人；漠不关心……		
2	他们隔多久才接待你： 马上；店员结束聊天之后；当队列向前移动时……		
3	你认为接待你的人视你为哪一种人： 一位尊贵的客户；可以向其推销任何东西的人；讨厌的人		
4	你对所受到的服务有何感受： 满意的；受尊重的；恼火的；失望的；无能为力的；快乐的		

续表

序号	你所打交道的机构或名称	××公司（机构）	
	体验内容与感受	最佳客服体验	最差客服体验
5	对方提供的服务达到了你的期望吗？ 是，远远超出了我的期望；不，我感到很失望		
6	这一感受是否会影响你与该公司或机构以后的交往： 还会去；会把感受告诉他人		
7	列出3家声誉卓著/声誉不佳的公司		
8	公司的声誉从何而来		
	分析结论		

参 考 文 献

[1] 李先国，曹献存.客户服务实务 [M].2 版.北京：清华大学出版社，2011.
[2] 袁美香，王彩凤，谢先斌.网络客户服务实务 [M].西安：西安电子科技大学出版社，2020.
[3] 廖文硕，张绍华，王菲.网络客户服务实务 [M].重庆：重庆大学出版社，2016.
[4] 黄燕群，庞球.网络客服 [M].天津：天津科学技术出版社，2019.
[5] 阿里巴巴商学院.网店客服 [M].北京：电子工业出版社，2016.
[6] 罗岚.网店运营专才 [M].南京：南京大学出版社，2010.
[7] 马蔚.电子商务客户服务 [M].南京：东南大学出版社，2017.
[8] 盘红华.电子商务客户服务 [M].2 版.北京：北京理工大学出版社，2020.
[9] 邓清亮.网店运营 [M].北京：北京邮电大学出版社.2017.
[10] 张雪玲.网店运营 [M].重庆：重庆大学出版社，2016.
[11] 段文忠，王邦元.网店运营实务 [M].2 版.合肥：中国科学技术大学出版社，2016.
[12] 仇瑜琼.网店客服 [M].成都：四川大学出版社，2018.
[13] 俞漪，花明.网络客户服务与管理 [M].北京：北京理工大学出版社，2020.